AF235814

Thailand Rotlicht

Bangkok: Paradies & Sünde

Ein Reisebericht von

Ted Schneider

Buch

Bangkok, eine Stadt voller Gegensätze, die als laut, hektisch und anrüchig wahrgenommen wird. Trotzdem ist sie eine der beliebtesten Städte der Welt.

In diesem Reisebericht besucht der Protagonist viele Sehenswürdigkeiten und Orte in Bangkok, Ayutthaya und Kanchanaburi.

Darüber hinaus führt es ihn in das sündige Nachtleben. Die Sukhumvit Road bildet den Mittelpunkt mit ihren Hotspots Nana und Soi Cowboy, die den Protagonisten in einige erotische Abenteuer führen.

Schließlich verfällt er einer exotischen Schönheit und sieht sich mit dem berüchtigten LKS-Syndrom konfrontiert, was Liebeskaspersyndrom bedeutet und ihn in ein gefährliches Gefühlschaos führt.

Autor

Ted Schneider ist 1970 in Berlin geboren und aufgewachsen. Seit 2008 verbringt er einen großen Teil seines Lebens in Indochina, die meiste Zeit davon in Thailand.

Ted Schneider

Thailand Rotlicht
Bangkok: Paradies & Sünde

Bibliografische Information der Deutschen Nationalbibliothek:
Die Deutsche Nationalbibliothek verzeichnet diese Publikation in der Deutschen Nationalbibliografie; detaillierte bibliografische Daten sind im Internet über http://dnb.dnb.de abrufbar.

1. Auflage

E-Mail: t.s.bookinfo@gmail.com

Herstellung und Verlag: BoD – Books on Demand, Norderstedt

ISBN: 978-3-7528-3082-8

Vorwort

Diese Reise führte mich nach Bangkok, von wo aus ich eine kleine Tour nach Ayutthaya und Kanchanaburi machte, bevor ich wieder nach Bangkok zurückkehrte.

Tagsüber habe ich mir die Sehenswürdigkeiten angeschaut, abends stürzte ich mich ins Nachtleben. Auf der einen Seite hat mich das Land und die Kultur interessiert, auf der anderen Seite war ich aber auch den exotischen Schönheiten erlegen.

In diesem Bericht handelt es sich um authentische Erlebnisse, die verdichtet zusammengetragen sind, um ein Maximum an Informationen weitergeben zu können.

Neben den Sehenswürdigkeiten habe ich beschrieben, mit welchen Verkehrsmitteln ich gereist bin, aber auch meine Erlebnisse mit den Frauen kommen nicht zu kurz, von Massagen über kurze Abenteuer bis hin zum berüchtigten LKS-Syndrom.

Die Namen meiner Bekanntschaften sind geändert. Ebenso habe ich markante Persönlichkeitsmerkmale verändert, um eine Zuordnung zu Personen ausschließen zu können.

1

Mit klopfendem Herzen schaute ich während des Landeanflugs aus dem Fenster und habe die Dächer der Tempel, die Palmen und das braune Wasser der Flüsse in mich aufgesaugt.

Um 13.45 Uhr landete schließlich die Maschine der Thai Airways auf dem Suvarnabhumi Airport in Bangkok. Während die Maschine auf dem Rollfeld zum Terminal rollte, dachte ich darüber nach, was mich auf dieser Reise wohl erwarten würde. Ich war mir sicher, dass ich nicht enttäuscht werden würde, denn dieses Land hatte schon so oft meine kühnsten Erwartungen übertroffen.

Die Flugbuchung verlief problemlos. Meine Geduld hatte sich ausgezahlt und ich konnte einen guten Preis in der Hochsaison für unter 600€ ergattern. Von Dezember bis März ist die beste Reisezeit für Thailand, aber auch die teuerste.

Beim Buchen bin ich so vorgegangen, dass ich auf Kayak und Swoodoo - ich probierte immer verschiedene Portale aus - nach den günstigsten Airlines und Flugzeiten gesucht habe. Dieses Mal war Thai Airways eine der günstigsten Fluggesellschaften. Gebucht habe ich dann direkt über die Homepage von

Thai Airways, wo der Flug nur wenige Euro teurer war.

Ich genoss den Spaziergang durch die großen, lichtdurchfluteten Gänge des Flughafens. Ein Halbrund aus Stahl und Glas umgab mich und gab den Blick auf den blauen Himmel frei. Obwohl die Temperatur im Flughafen angenehm kühl war, bekam ich schon eine Ahnung von der tropischen Hitze, die mich draußen erwarten würde.

Flughafen Suvarnabhumi

Das TM30-Formular hatte ich im Flugzeug bereits ausgefüllt und in meinen Reisepass gesteckt, damit ich es bei der Zollkontrolle nicht erst noch suchen musste.

9

An der Zollkontrolle angekommen, stellte ich mich brav in der Schlange an und folgte den Anweisungen des Personals, welches mit Handzeichen die Touristen navigierte. Obwohl es eine Riesenschlange war, ging alles recht zügig. Der Zollbeamte strahlte mich nicht gerade mit einem herzlichen Willkommensgruß an, aber das war auch nicht sein Job. Ich folgte den Anweisungen, indem ich meine Fingerabdrücke hinterließ, in die Schwanenhals-Kamera guckte und meine Fresse hielt. Den Arrival-Teil des TM30-Formulars behielt der Zollbeamte ein, den Departure-Teil gab er mir mit dem Reisepass zurück. Ich ließ den Schnipsel im Reisepass, wo er bis zum Abflug blieb.

Nachdem ich meinen Koffer vom Gepäckband abgeholt hatte, kümmerte ich mich um eine SIM-Karte für mein Handy. Wie immer entschied ich mich für dtac, eher aus Gewohnheit als aus Überzeugung. Als ich aus der Ankunftshalle kam, war der lange Gang voll mit Ständen von Telefonanbietern. Ich ging an den Anbietern AIS und True vorbei, von denen ich noch nie etwas Negatives gehört hatte, und fand schnell meinen Anbieter. Der Preis von ca. 20 Euro für einen Monat Telefon und Internet war für mich in Ordnung.

Anschließend bin ich den Schildern mit »Airport Rail Link«, bis ganz nach unten gefolgt. Als ich bei den Ticketautomaten ankam, bin ich erst mal dran vorbeigegangen und habe Geld gewechselt, da die

Wechselstuben in dem Bereich sehr faire Kurse hatten.

Dann habe ich mir am Ticketautomaten des Airport Rail Link ein Ticket in Form eines Fahrchips nach Phaya Thai gekauft, was die Endstation war. Von dort aus konnte ich mit dem BTS Skytrain weiterfahren. Nach dem Einsteigen setzte ich mich in Fahrtrichtung rechts, um die Skyline auf der linken Seite bewundern zu können.

Früher bin ich immer mit dem Taxi in die City gefahren, was in Bangkok sehr einfach geworden ist. Dazu folgte ich den Schildern mit der Aufschrift »Public Taxi«, um zum Taxibereich zu kommen. Dort wurde an einem Automaten ein Zettel ausgespuckt, über den mir ein Taxi zugewiesen wurde.

Nach Pattaya bin ich meistens auf diese Weise gefahren, wo mich die Fahrt mit Taxameter ca. 1200 Baht gekostet hatte. Ich bin auch mal mit dem Bus nach Pattaya gefahren, hatte aber nicht so richtig viel Geld gespart, da ich von der Busstation mit einem Taxi dann zum Hotel fahren musste, und da gab es kein Taxameter.

Inzwischen bevorzugte ich den Airport Rail Link, der mir das Gefühl gab, wirklich angekommen zu sein. Ich mochte es zwischen den Thais zu sitzen und mitten im Alltag angekommen zu sein.

Der Rail Link sauste Richtung City. Ich sah aus dem Fenster des Zuges und sah, wie sich nach und nach die Skyline von Bangkok aufbaute, was mich regelrecht euphorisch werden ließ.

In Phaya Thai angekommen, war es eine kleine Strapaze zum BTS-Skytrain zu gelangen, hier war ich zum ersten Mal Thailands Hitze ausgesetzt.

Ich ließ es langsam angehen, schritt gemütlich vor mich hin und versuchte jede Anstrengung zu vermeiden. Auf dem Weg kam ich an einigen Wechselstuben vorbei, die auch sehr gute Kurse hatten.

Um ein Ticket für den BTS musste ich mir keine Sorgen mehr machen, da ich eine Rabbit Card besaß.

Die Rabbit Card hatte ich mir auf Empfehlung einer Bekannten zugelegt. Ich hatte mir die Karte am Schalter gekauft und mit Guthaben aufgeladen. Diese Karte war wie eine Art Dauerticket, dass ich nur hin und wieder mit Guthaben aufladen musste.

So ging ich stolz grinsend an den Touristenschlagen vorbei, die anstehen mussten und saß wenige Minuten später im BTS-Skytrain.

2

An der Nana Station stieg ich aus und bin zum Phachara Suites Hotel gegangen, das parallel zur Sukhumvit in der Soi 6 liegt. Knapp zwei Stunden nach der Landung betrat ich das Hotelzimmer.

Das Zimmer im Phachara Suites Hotel hatte ich ein paar Tage vorher über Agoda gebucht. Sie hatten richtig gute Angebote und auch die Zimmer mit Balkon waren einigermaßen preiswert, sodass ich mir die ersten Nächte dort sicherte.

Nach dem Einchecken hatte ich meinen Koffer nur ins Zimmer gerollt und bin auf der Sukhumvit Road spazieren gegangen. Ich war noch nie auf einer Straße, die so heiß, laut, staubig und hektisch war. Doch auf irgendeine verrückte Weise fühlte ich mich pudelwohl, ich fühlte mich sogar heimisch. Ich spazierte an Bars, Restaurants, Schneidereien und Massagesalons vorbei. Auch diesmal erschlugen mich die Eindrücke förmlich und ich musste aufpassen, dass ich nicht von einem abbiegenden Auto auf die Haube genommen wurde.

Um 17 Uhr ging ich in einen Seven Eleven Laden, wo ich mich mit Bier, Wasser und Zigaretten eingedeckt hatte. Zur Sicherheit holte ich etwas mehr Bier, da es Alkohol nur von 17 bis 24 Uhr in den Läden zu kaufen gab.

Als ich zurück im Zimmer war, habe ich mich auf den Balkon gesetzt und meine Dating Apps gecheckt. Auf Badoo und Tinder habe ich fleißig Likes vergeben, wo entsprechende Reaktionen nicht lange auf sich warten ließen.

Auf WeChat habe ich nachgesehen, ob es nette Girls in der Umgebung gab, aber bis auf ein paar Massage-Ladys und Ladyboys war da nichts.

Bei einer Zigarette machte ich mir Gedanken über meinen ersten Abend in Bangkok.

Was das Nachtleben in Bangkok angeht, gibt es die drei Hotspots Patong, Nana und Soi Cowboy. Patong ist südwestlich vom Lumpini Park, im Bezirk Bang Rag. Dort gibt es einen Nachtmarkt, Restaurants und auch einiges an Nachtleben. Ich bin mit der Gegend aber nie warm geworden. Das Viertel wirkte auf mich immer, wie das Vorzeigerotlicht für Pauschaltouristen. Daher war die Sukhumvit Road meine erste Adresse in Bangkok, wo ich sowohl Nana als auch Soi Cowboy fußläufig erreichen konnte. Für mich war die Gegend, trotz der vielen Veränderungen in den letzten Jahren, immer noch authentisch.

Nachdem ich mich ausgehfertig gemacht habe, ging ich auf die Sukhumvit Road. Dort spazierte ich zum Artbox Night Market, der sich kurz vor der Soi 10 befand.

Der Markt war aufgebaut wie ein thailändischer Nachtmarkt, aber in diesem Fall eher für Touristen hergerichtet. Kein wirkliches Highlight, aber nett ein wenig dort rumzulaufen. Ich ging an den Ständen vorbei, wo Snacks und Getränke angeboten wurden, kaufte mir einen Saft und sah mir die Liveband an, die dort spielte.

Dann ging ich zum Essen in die Soi 8, die für mich eine gute Anlaufstelle für den frühen Abend war. Es gab dort ein paar nette Restaurants, Massageläden und das Lolitas, eine beliebte Blowjob-Bar.

Für den ersten Abend habe ich mich für das Restaurant Via Vai entschieden, ein Italiener, wo ich immer wieder gern zum Essen ging, wenn ich in Bangkok war. Man bekommt dort sehr gutes Thai Food, aber auch eine Pizza, wenn man mal Lust darauf hat. Der Hauptgrund für dieses Restaurant war für mich, dass ich das Essen gut vertrug.

Gerade am Anfang eines Urlaubs brauche ich etwas Zeit, mich an alles zu gewöhnen. Wer will schon bei der Weiterreise mit Durchfall im Bus oder im Flugzeug sitzen. Ich hatte keine Angst, mir den Magen zu verderben, was mir bei den Garküchen, kleinen Thairestaurants oder auf dem Land, auch noch nie passiert ist. Mein Magen reagiert nur sensibel, wenn ich ihm zu viel auf einmal zumute. Wenn ich Durchfall bekam, lag es nicht am Essen, sondern meinem Verhalten. Wenn ich mir das scharfe Essen reinziehe, ohne Ende Alkohol trinke, zwischendurch

15

immer mal wieder einen Spieß auf der Straße esse und darauf wieder Alkohol ... dann ist mein Magen überfordert. Bei meinen ersten Asienreisen hatte ich gedacht, dass ich das Essen nicht vertrug, bis ich merkte, dass es nicht das Essen war, sondern mein Ess- und Trinkverhalten.

Nach dem Essen ging ich weiter Richtung Soi 4, Ziel war dort das Nana Entertainment Plaza.

Als ich ankam, habe ich mich in den Biergarten gesetzt, um mir erst mal einen ersten Eindruck zu verschaffen. Während ich mein Bier genoss, habe ich die Umgebung auf mich wirken lassen. Um mich herum, ein dreistöckiger Gebäudekomplex, in dem sich die Go Go-Bars aneinanderreihten. Es war grell, bunt und heiß; überall halb nackte Girls und Ladyboys, von denen die Leute sich in die Go Go-Bars ziehen ließen. Nana gilt zurecht als einer der beliebtesten Männerspielplätze.

Nachdem ich mich akklimatisiert hatte, spazierte ich durch den Komplex, spähte hier und da in die Bars hinein, wo sich die Mädels an den Stangen räkelten.

Plötzlich griff eine süße Maus meine Hand und ich ließ mich in eine der Bars entführen. Wie ich so händchenhaltend von ihr in den Laden gezogen wurde, bewunderte ich ihren schlanken Körper, der nur von einem weißen Höschen und einem knappen Bikinioberteil verdeckt war.

Nana Entertainment Plaza

Die Bar hatte auf einer Seite einen langen Tresen und in der Mitte eine längliche Tanzfläche, wo die Girls an den Stangen tanzten. Auf der anderen Seite waren bequeme Sitzmöglichkeiten, jeweils mit einem Tisch davor. Die Süße führte mich zu den Sitzen und als ich saß, nahm sie sofort Körperkontakt auf, kuschelte sich an mich und stellte sich als Ao vor. Die Mamasan kam breit grinsend und ich bestellte für mich und Ao was zu trinken.

Als die Getränke kamen, wurde angestoßen und im Anschluss ist ihre Hand zwischen meinen Beinen gelandet. Da ich kein Spielverderber sein wollte, machte ich mit und befühlte ihre kleinen Brüste. Daraufhin hatte ich auch schon ihre Zunge in meinem Mund. Ein Ladydrink später glitt ihre Hand in meine Hose und meine Finger wanderten unter ihr

17

Höschen. Unser wildes Rumgemache wurde irgendwann von der Mamasan gestört, die sich nun vorstellen, bzw. einen Drink haben wollte.

Ich habe es mir zur Gewohnheit gemacht, auch der Mamasan immer mal einen auszugeben, da es verdammt vorteilhaft sein kann, wenn die einen mögen. Sie sind für die Girls die Autorität schlechthin. Sie sind Mutti, Beschützerin und Lehrerin, alles in einem. Man muss aber ständig wachsam sein, dass die nicht übertreiben, sonst kann es teuer werden. Meine Erfahrungen waren allerdings, bis auf wenige Ausnahmen, positiv.

Nachdem wir gemeinsam angestoßen und ein Schwätzchen gehalten haben, ist die Mamasan abgedampft. Nun widmete ich mich wieder der süßen Ao, die mir gestand, dass sie in mich verliebt war und sie schon lange auf jemanden wie mich gewartet hatte. Mein Herz ging auf und ich wollte sie alle hören, diese kleinen Lügen, die in diesem Moment dazugehörten, wie die Zunge im Hals und der Griff in die Hose. Das war dann auch die Zeit, wo sie mir Shorttime für 2000 Baht anbot, was ich aber dankbar ablehnte. Mit traurigen Augen schaute sie zu mir herauf, was mir sofort ein schlechtes Gewissen machte. Aber mit einem weiteren Ladydrink habe ich sie schnell wieder zum Lächeln gebracht.

Mir war klar, dass ich diesen heißen Körper und ihrer süßen Art nicht lange widerstehen konnte, also beschloss ich weiterzuziehen, um im Kopf wieder klar zu werden.

Ao brachte mich raus, wo wir noch unsere Line-ID tauschten und ich ihr versprechen musste, dass wir uns wiedersehen würden.

Ich verließ das Nana Plaza und spazierte die Soi 4 rauf, an den Mädels und Ladyboys vorbei, die auf dem Bürgersteig standen und ihre Dienste anboten. Ich ging ins Fitzgeralds, gegenüber von Hillary 2 und setzte mich draußen an den langen Tresen, wo ich das Treiben auf der Straße beobachten konnte.

Ich trank ein Bier, ließ das Erlebte sacken und zwischen meinen Beinen beruhigte es sich wieder etwas. Ich sah direkt auf das Hillary 2, wo laute Livemusik herausschallte, dessen Bässe sich mit den Geräuschen der Tuk-Tuks und Motorbike-Taxis vermischten. Einige hübsche Mädels saßen im Außenbereich mit ihren Drinks und rauchten.

Während ich so auf das Hillary und das Gewusel auf der Straße schaute, überlegte ich, was ich nun machen sollte. Ins Hotel konnte ich jetzt auf gar keinen Fall. In dem Zustand würde ich kein Auge zumachen können. Also ging ich rüber ins Hillary, kaufte mir bereits am Eingang ein Bier, und machte es mir an der Bar gemütlich. In dem Laden war es richtig voll, dicht gedrängt die Partymacher, dazwischen einige Volltrunkene, die kaum noch stehen konnten. Während ich mir die Band ansah, hat sich eine Lady genähert, die mich in ein Gespräch verwickelte. Sie hieß Nok, wurde schnell zutraulich und ging ungeniert auf Tuchfühlung. Ihre Freundinnen standen an einen runden Tisch und ich ließ mich überreden, ihnen Gesellschaft zu leisten. Ziemlich schnell prosteten mir die Mädels zu und dann - was für ein Zufall - waren ihre Getränke leer. Nok fragte mich, ob ich eine Runde Bier und Shots ausgeben würde.

Da ich das Hillary 2 bereits kannte, haben meine Alarmglocken schon geschlagen, bevor ich mich zu den Ladys gestellt habe. Ich machte gleich eine klare Ansage. Nok ein Bier ausgeben ok, sonst nichts und auch nichts für die Freundinnen. Sie sah mich traurig an und fing an, mich vollzulabern. Daraufhin habe ich mich freundlich verabschiedet und mich nach draußen gesetzt, um eine zu rauchen.

Im Hillary 2 bin ich bei den Lady-Cliquen vorsichtig geworden. Die Mädels haben eine Art Member-Card, mit der sie bezahlen und darauf Provision bekommen, bzw. zücken sie die Member-Card, wenn sie eingeladen werden und verdienen dadurch an den Getränken mit. Wenn sie nun mit einem Farang einen saufen und möglichst viel weghauen, vor allem Shots, wird das für den Farang richtig teuer. Die Mädels dagegen saufen nicht nur umsonst, sondern verdienen auch noch richtig Geld. So habe ich schon einmal bei einer Party in dem Laden, 150 Euro in weniger als zwei Stunden verballert.

In den Girl-Bars und Go Go-Bars ist das Ausgeben von Ladydrinks ok, weil es zum Geschäftsmodell

20

gehört. Es ist transparent und die leben auch zum Teil davon. Aber im Hillary 2 sind private Mädels, die einfach nur versuchen, möglichst viel Geld aus einen rauszuziehen. Das gilt natürlich nicht für alle Ladys dort, aber vor Gruppen sollte man sich vorsehen, bzw. klare Ansagen machen.

Fitzgerald mit Blick auf Hillary 2

Wie ich so draußen saß, eine rauchte und von der Lady-Clique beäugt wurde, machte sich mein Handy bemerkbar. Die süße Ao aus der Go Go-Bar meldete sich über Line. Sie schrieb, wie sehr sie mich vermisst. Es kam auch gleich ein Selfie hinterher, wo sie einen Blick draufhatte, wie ein ausgesetzter Dackel an einer Autobahnraststätte. Sie wollte wissen, wo ich war und was ich machte, worauf ich ihr schrieb, dass ich alleine im Hillary 2 saß. Inzwischen hatte sie

21

Feierabend und wollte zu mir kommen. Ich schrieb ihr zurück, dass ich mich freuen würde, worauf sie mir ein sich freuendes Emoji schickte.

Ich rauchte noch eine und schaute zu, wie sich der Laden langsam leerte. Die Lady-Clique hatte inzwischen zwei junge Typen aufgegabelt, um die sie sich offensichtlich sehr bemühten; sie waren heftig am Tanzen und Rummachen. Dann kam Ao um die Ecke und strahlte mich an. Sie trug Jeans, einen Pullover und Sneakers. Ich war noch am Staunen, wie man bei der Hitze einen Pullover anziehen kann, da ist sie mir auch schon in die Arme gesprungen.

Wir saßen da, wie ein verliebtes Pärchen, das sich schon lange kennt; haben geflirtet, geschmust und uns alberne Sachen gesagt. Schließlich sind wir händchenhaltend zum Hotel gegangen, nicht ohne uns mit Essen und Trinken in einem Seven Eleven zu versorgen.

Als wir ins Zimmer kamen, machten wir es uns auf dem Balkon gemütlich, haben Sandwiches gegessen und was getrunken; ich Bier und Ao Saft. Wir unterhielten uns lange und sie erzählte mir ihre Geschichte. Aus dem Isaan kam sie, genau genommen aus Roi Et, hatte zwei Kinder und war geschieden. Ihr Ex-Mann war ein Taugenichts, der immer nur unterwegs war und gesoffen hat. Irgendwann war er ohne Ankündigung weg, vermutlich war sie mit ihren 29 Jahren inzwischen zu alt für ihn. Nun war sie alleine und musste selber zusehen, wie sie ihre Kinder durchbringt.

22

Solche Geschichten hatte ich schon oft gehört und sie waren immer sehr traurig und meistens auch wahr.

Es war bereits spät in der Nacht, als wir nach einer getrennten Dusche ins Bett gingen. Ich nackt und sie in einem Handtuch fest eingewickelt. Kaum zu glauben, dass dieses schüchterne Girl vor einigen Stunden noch lasziv an der Stange getanzt hat.

Wir schmusten und küssten uns, worauf Stück für Stück die Hemmungen vielen und damit auch das Handtuch. Ich ließ mir viel Zeit, ihren Körper mit der Zunge zu erkunden. Als ich sie geleckt habe, bewegte sie in kreisenden Bewegungen ihr Becken und krallte sich im Laken fest. Nach einer Weile, schrie sie laut »Fuck« und bäumte sich auf, worauf sie mich zu sich hochzog. Wir hielten uns einen Moment im Arm, dann zog ich mir ein Gummi über und bin langsam und gefühlvoll in sie eingedrungen. Ich ließ mir Zeit, bewegte mich sehr langsam, während sie in mein Ohr hechelte. Es hat dann nicht lange gedauert, bis ich es nicht mehr ausgehalten habe und heftig gekommen bin.

Wir lagen eine Weile so da, unsere schwitzenden Körper klebten aneinander und ich genoss ihren Duft nach salziger Haut und Lust.

Es war inzwischen früher Morgen und ich war hundemüde. Sie schmiegte sich fest an mich, umschlang mich mit einem Arm und war in Sekunden eingeschlafen, kurz danach war ich auch weg.

3

Als ich aufwachte, war es erst zehn Uhr, aber irgendwie konnte ich nicht mehr schlafen. Ao lag immer noch eng umschlungen an mir dran, als hätte sie sich die ganze Zeit nicht bewegt. Ich streichelte ihren Rücken und betrachtete ihr Gesicht, dessen markantestes Merkmal ihre kleine Stupsnase war. Es dauerte nicht lange und sie wurde wach. Das Erste, was sie machte, war ein beherzter Griff an meine Eier, erst dann kam ein verschlafenes »Guten Morgen, Darling.« Sie bemerkte natürlich sofort, was ihre zarten Finger bei mir anrichteten und machte mich noch einmal mit der Hand glücklich.

Während sie sich im Bad fertiggemacht hatte, steckte ich 2200 Baht und eine Tafel Schokolade in ihre Handtasche, was bei der Verabschiedung zu weiteren Umarmungen, Küssen und netten Worten geführt hat.

Über die Soi 4, wo ich noch eine Kleinigkeit frühstückte, ging es zum BTS-Skytrain. Ich fuhr zur Saphan Taksin-Station, die am Fluss lag. Dazu musste ich an der Station Siam umsteigen, wo um diese Zeit recht viel Trubel war.

Am Fluss angekommen, bin ich schnurstracks zum Bootsanleger gegangen, habe alle Ticketbuden und Verkäufer ignoriert, bis ich beim Ticketschalter für die blauen Boote ankam, wo ich für kleines Geld ein Ticket gekauft habe.

Mein erstes Ziel war Wat Arun, ein bekannter Tempel, den ich schon vom weiten am Fluss erkennen konnte. Der riesige kegelförmige Turm, Prang genannt, ragte beeindruckend in die Höhe und wurde von mir umgehend erklommen. Dann sah ich mich auch noch in der Umgebung um. In einem Nebengebäude saß ein Mönch auf einem Podest und hielt Zeremonien mit Gläubigen ab. Sie knieten vor ihm, die Hände flach vor das Gesicht zusammengelegt, während der Mönch eine Segnung aussprach und die Gläubigen mit Wasser beträufelte.

Wat Arun

25

Ich reihte mich in die Gruppe der Wartenden ein und beobachtete das Geschehen. Als ich dran war, kniete ich mich vor dem Mönch hin, verbeugte mich dreimal, hielt meine Hände flach vor mein Gesicht zusammen und blickte demütig runter. Er sprach ein paar Worte auf Thai, beträufelte mich mit Wasser und knotete ein weißes Bändchen um mein Handgelenk.

Frisch gesegnet, machte ich mich auf, um mit dem Boot auf die andere Seite des Flusses zu kommen. Von dort ging ich zum Wat Pho.

Am Tempel zog ich die Schuhe aus, nahm die Mütze ab und mischte mich zwischen die Touristenmassen. Mit 46 m Länge war der liegende Buddha so lang, dass ich es kaum geschafft habe, ihn zu fotografieren.

Wat Pho

26

Ich schoss ein paar Bilder, bevor ich noch ein wenig auf dem Gelände rumgelaufen bin, was absolut sehenswert war.

Anschließend ging ich zu Fuß zum Königspalast, der von vielen Reiseführern als großes Highlight in Bangkok angepriesen wird, was ich nie verstehen konnte. Ich war das letzte Mal vor rund zehn Jahren da und wollte der Sache noch einmal eine Chance geben. Da man dort mit kurzer Hose nicht reinkam, hatte ich eine lange Hose und ein langärmliges Leinenhemd an. Inmitten des Stromes, bestehend aus unendlichen Touristenmassen, bin ich zum Ticketschalter, zahlte 500 Baht Eintritt und ließ mich von dem Touristenstrom hineinschieben. Wie auch beim letzten Mal, war ich enttäuscht.

Königspalast

Unmengen von Touristen, die einen keine Chance ließen, für einen Moment die Umgebung wirken zu lassen; auch wenn die ganzen Bauten, mit ihren beeindruckenden Verzierungen absolut sehenswert waren. Im Tempel, wo der berühmte Smaragd-Buddha zu bewundern war, kam durch die Massen keine Stimmung auf. So machte ich mich nach weniger als 30 Minuten davon.

Im Anschluss trieb es mich zur Khao San Road. Der klügere Weg wäre über den Fluss gewesen. Mit dem blauen Boot fährt man bis zur letzten Station und ist dann nach kurzer Zeit da. Allerdings hatte ich gegen einen kleinen Fußmarsch nichts einzuwenden. Also ließ ich die Tuk-Tuks links liegen, die einen in dieser Gegend ohnehin nur Shopping-Touren aufschwatzen wollten, und spazierte zur berüchtigten Backpacker-Meile.

Die Khao San Road war früher die zentrale Anlaufstelle für Backpacker. Es gab dort billige Hostels, Restaurants und Partys bis in die Nacht. Eigentlich hat sich das bis heute nicht geändert, abgesehen davon, dass sich dort nun auch Pauschaltouristen tummeln.

Ganz in der Nähe war ein kleiner Tempel, den ich zuerst einen Besuch abstatten wollte. Auch wenn ich eigentlich genug Tempel gesehen hatte, genoss ich die Ruhe, die dort herrschte. Es gab hier nichts Pompöses, vielmehr war es die Schlichtheit, in der ich mich wohlfühlte und die mich dort etwas verweilen ließ.

Khao San Road

Anschließend schlenderte ich durch die Gassen in der Umgebung, vorbei an kleinen Boutiquen und Restaurants, bis ich schließlich auf der Khao San Road eine Kaffeepause einlegte.

Rucksacktouristen schlenderten durch die Straße, betrachteten neugierig und schockiert einen Grillwagen, wo frisch zubereitete Insekten angeboten wurden. Hin und wieder fuhr ein Tuk-Tuk vorbei, in einer Boutique drapierte eine Verkäuferin liebevoll einige T-Shirts in der Auslage.

Von einem Restaurant gegenüber, kam chillige Jazzmusik. Davor saß eine Gruppe junger Leute, die Thaicurry aßen und Bier tranken.

Nun stellte sich bei mir Müdigkeit ein und ich beschloss, zurück zum Hotel zu fahren. Da es inzwischen Rushhour war, ließ ich mich von einem Taxi zur nächsten BTS-Station bringen und bin den Rest mit dem Skytrain gefahren. Hätte mich das Taxi direkt zum Hotel gebracht, hätte ich wegen der Staus, eine halbe Stunde länger gebraucht.

Als ich im Zimmer war, sah ich auf mein Handy und fand 17 Nachrichten von Ao. Sie schickte Bilder, Liebesgrüße und Sticker. Ich antwortete mit ein paar knappen Kommentaren und machte mich dann für den Abend fertig.

Diesen Abend sollte es in den Bezirk Ratchathewi gehen. Mit dem BTS fuhr ich zur gleichnamigen Station und ging zum Cocowalk. Ich spazierte erst einmal herum, sah mir die Restaurants an, wo die Atmosphäre sehr relaxt war. Schließlich habe ich mich für das Chilling House Café entschieden, wo ich es mir mit Blick zur Bühne gemütlich gemacht habe. Nach dem Essen blieb ich noch gut zwei Stunden dort sitzen und sah der Liveband zu, die eine schöne Mischung aus Pop und Jazz spielte. Ich wollte mich gar nicht mehr wegbewegen, so gemütlich war es.

Schließlich habe ich mich aufgerafft und bin mit dem BTS zwei Stationen weitergefahren, zum Victory Monument. In einem Eckhaus, wo sich ein Restaurant befand, gab es auf dem Dach die Skytrain Jazz-Bar. Sicher keines der großen Highlights in Bangkok, aber ich mochte sie gerade deswegen sehr gerne. Ein kleiner Laden im Vintage Stil, fern jedes Mainstreams. Bei Touristen war diese Bar anscheinend nicht sehr bekannt, es waren fast ausschließlich junge Thais dort vertreten, die wie Studenten aussahen. Den Wahnsinnsausblick über die Skyline von Bangkok hatte ich dort nicht, dafür war ich inmitten einer rustikalen Lounge-Atmosphäre, wie ich sie sonst nicht oft gefunden habe.

Ich trank ein Bier und beobachtete die Leute, die sich unterhielten, lachten, Zigaretten rauchten und Bier oder Whisky tranken.

Ein Bier und eine Zigarette später, brach ich auf, da ich noch in die Saxophone-Bar wollte. Dazu ging ich auf das Victory Monument zu und bog vor dem Kreisel rechts in eine Seitenstraße ab. Nach ein paar Metern sah ich auch schon die Lichterketten und das Schild mit der Aufschrift »Jack Lives Here.«

Ich betrat die Bar, die zu den angesagtesten Jazz Clubs der Stadt gehört. Freundlich wurde ich empfangen und zu einem Platz seitlich der Bühne gebracht. Es war nicht der idealste Platz, aber dafür war ich dicht an der Bühne und bekam alles hautnah mit. Es war brechend voll, das Publikum war international; hier bestand ein Großteil aus Touristen.

Die Band war der Oberhammer. Sie spielten zusammen so sicher und groovig, dass ich davon eine Gänsehaut bekam. Jeder einzelne Musiker war ein absoluter Vollprofi. Bei den Soloparts hielt das Publikum förmlich den Atem an.

Ich blieb dort für drei große Bier und ließ mich von der Musik treiben.

Saxophone-Bar

Da der BTS-Skytrain nur bis 24 Uhr fuhr, nahm ich mir ein Taxi zurück zur Sukhumvit Road. Ich fuhr nicht zum Hotel, sondern wollte noch irgendwo einen Absacker trinken und ließ mich zum Nana Plaza bringen. Diesmal ging ich aber nicht hinein, sondern setzte mich gegenüber ins Hooters, wo man, wie im Fitzgerald, an einem langen Tresen sitzen und die Straße beobachten kann.

Es ist einer der unterhaltsamsten Orte in Bangkoks Nachtleben. Man hat Blick auf den Eingangsbereich vom Nana Plaza, kann aber auch die leichten Mädchen und Ladyboys beobachten, die auf der Straße ihre Dienste anbieten.

32

Schräg gegenüber war das Bigdogs, wo ich schon oft war und gute Erfahrungen mit den Mädels gemacht hatte. Oft habe ich dort gesessen, mit einer Lady was getrunken, den Publikumsverkehr beobachtet und gelästert.

Daneben war das Stumble Inn, auch ein netter Laden, aber für meinen Geschmack zu laut.

Das Hillary 4 war dann auch noch da. Abzockende Girl-Cliquen habe ich dort nie erlebt, es waren lediglich Bargirls dort beschäftigt.

Blick vom Hooters auf Nana Eingangsbereich

Neben mir saß ein Engländer, der sich als Henry vorstellte. Wir unterhielten uns, während wir neugierig die Girls auf dem Bürgersteig beobachteten.

33

Natürlich wurden auch wir bemerkt und nun fingen einige der Girls an, mit uns zu flirten. Erst ein leichtes, kaum wahrnehmbares Lächeln, das fast schüchtern gewirkt hat, dann offensiver, bis hin zu ein paar frechen Sprüchen. Doch ich wollte heute alleine ins Bett gehen und Henry war unentschlossen.

Eines der Girls ging schließlich aufs Ganze, kam herauf zu uns und ging direkt auf Henry zu. Sie stellte sich unanständig dicht an ihn heran und sagte, dass sie mit ihm gehen würde. Er schien überfordert, bedankte sich für das Angebot und sagte ihr, dass er nicht wollte. Sie ließ nicht locker und fragte ihn, ob sie zu hässlich sei oder etwas anderes mit ihr nicht stimmte. Damit brachte sie den guten Henry in die Bredouille, der nun aufpassen musste, dass er sie nicht versehentlich beleidigte. Gesichtsverlust ist ein Riesenthema in Thailand, da können kleine Missverständnisse oft eine große Tragweite haben. Henry hat sich allerdings hervorragend aus der Affäre gezogen, indem er ihr Komplimente machte und erklärte, dass es für ihn im Moment einfach nicht passte. Etwas enttäuscht zog sie ab und begann wieder, sich auf dem Bürgersteig darzubieten.

Henry gestand mir nun, dass er sich in eines der Girls verguckt hatte, und zeigte auf ein liebreizendes Geschöpf, das auf einem parkenden Moped saß. Dieses Geschöpf war tatsächlich eine Augenweide, mit einem weißen Kleid, hochhackigen Schuhen und einer Eleganz und Anmut, wie man es bei Thaifrauen selten sieht. Er war nun richtig verzweifelt, weil sie ihn total ignorierte, jeder Versuch eines Flirts oder auch nur eines Lächelns, verlief im Nichts.

Ich teilte mit ihm meine Theorie, warum er so gnadenlos ignoriert wurde. Dieses bezaubernde Geschöpf war nämlich ein Ladyboy, der genau wusste, dass Henry das nicht blickte. Der Ladyboy selbst, wollte sicher nur eine peinliche Situation mit Gesichtsverlust vermeiden, daher hielt er nach Männern Ausschau, die ganz konkret nach Transgendern suchten. Henry sah mich an, als hätte ich ihm eine Bierflasche über den Kopf gezogen. Er war total geschockt, dass er sich gerade in einen Kerl verknallt hat. Nun wollte er wissen, wie ich das erkennen konnte, bzw. nach welchen Merkmalen ich das ausgemacht hatte. Das war für mich aber nicht ganz einfach zu erklären.

Es gibt einige Merkmale wie große Hände und Füße, Kehlkopf usw., aber keines der Merkmale ist wirklich verlässlich. Misstrauisch bin ich immer, wenn eine Frau supersexy ist, oder sich graziös auf hochhackigen Schuhen bewegt. Es ist eine traurige Wahrheit, dass sich die meisten Thaifrauen nicht sexy auf hochhackigen Schuhen bewegen können und deren Gang, wie der einer watschelnden Ente aussieht. Viel Make-up ist für mich auch immer ein Warnzeichen, ebenso wie perfekt proportionierte Brüste.

Wirklich sichersein kann man erst, wenn man einen Blick in den Ausweis wirft. Dort steht das Geschlecht, wie es bei der Geburt war und wird nie geändert, auch nicht bei einem Totalumbau.

Ich beruhigte ihn anschließend damit, dass ich es selber auch oft nicht erkannt habe. Ich hatte mal in einer Bar eine Dame kennengelernt, mit der ich mich riesig amüsiert habe. Wir tranken, hatten Spaß und machten heftig rum. Ich war so geil auf sie, dass die gemeinsame Nacht für mich außer Frage stand. Da gestand sie mir, dass sie ein Ladyboy war. Das war eine äußerst unangenehme Situation, aber ich war dankbar, dass er mir das noch rechtzeitig gesagt hat. Ich habe schon oft von Storys gehört, wo erst im Bett die große Überraschung kam.

Für heute Abend sollte es reichen und ich machte mich auf den Weg ins Hotel, um ein paar Stunden länger zu schlafen als gestern.

4

Nach einer Nacht, in der ich geschlafen habe wie ein Stein, stand eine Erkundung der Shoppingmalls auf meiner Agenda und so fuhr ich mit dem BTS zur Siam-Station. Von dort ging ich zum MBK-Center, wo ich mir eine neue Handyhülle gegönnt habe. Bei der Gelegenheit ließ ich auch gleich das Panzerglas austauschen.

Anschließend holte ich mir noch in der 4. Etage etwas Bargeld an einem gelben ATM der Krungsri Bank, eine Bank, die ich immer bevorzuge. Ist mal kein Krungsri Automat verfügbar, gehe ich nach Möglichkeit zur Krung Thai- oder Bangkok Bank. Bei manchen Banken muss man höllisch aufpassen, wenn sie einen anbieten den Wechselkurs abzurechnen. Da sollte man immer »Nein« wählen, da das Geldabheben, durch einen schlechteren Wechselkurs, teuer werden kann. Bei meinen Stammbanken habe ich noch nie Probleme gehabt.

Das MBK-Center galt früher als Geheimtipp. Aber wie das so mit Geheimtipps ist, sie sind nicht mehr geheim, sobald sie irgendwo als Geheimtipp auftauchen. Trotz der zunehmenden Anzahl von Shops, die auf Touristen ausgelegt sind, hat es die Mall aber irgendwie geschafft, sich ihren Charme zu erhalten.

Vom MBK-Center ging ich dann rüber ins Siam Discovery. Seit einigen Jahren sind die beiden Malls über einen Skywalk miteinander verbunden, der für sich schon ein Highlight ist. Ich hielt mich hier eine Weile auf und machte ein paar Bilder. Unten war der Straßenverkehr, über den Skywalk schlängelte sich der BTS-Skytrain entlang und im Hintergrund ragten die Malls hervor.

Skywalk MBK

Über Siam Discovery und Siam Center, ging ich ins Siam Paragon. Alle drei Malls sind recht teuer und nicht gerade für die Armen gemacht. Allerdings ist Bangkok ohnehin vergleichsweise teuer. Ich ging auf dem Skywalk weiter bis zum Erawan Schrein, der durch die Anschläge im Jahr 2015 traurige Berühmtheit erlang. Ich stand hier schon oft auf dem Skywalk und sah den Hindu-Zeremonien zu. Es ist so eine friedvolle Stimmung, dass es nie in meinen Kopf ging, wie jemand an diesem Platz eine Bombe zünden konnte.

Von dort war es nur ein Katzensprung in das Central World. Eine riesige Mall, wo auch noch ein Kaufhaus dran ist. Ich habe mich dort schon unzählige Male verlaufen. Immer wenn ich dachte, jetzt habe ich es, gelangte ich in eine neue Ecke und verlief mich von Neuem. Diesmal habe ich mich aber ganz gut zurechtgefunden. Ich stöberte in einem Bücherladen, schaute nach CDs und sah mich nach Schnäppchen bei Sportbekleidung um.

Direkt neben Central World ist ein Tempel namens Wat Pathum Wanaram, den ich auch noch einen Besuch abstatten wollte. Eine Oase der Ruhe inmitten des ganzen Großstadttrubels. Dort finden täglich um 18 Uhr buddhistische Zeremonien statt, wo jeder willkommen ist. Ich hatte da auch einmal mitgemacht, was mächtig Sitzfleisch gekostet hat, es ging über zwei Stunden. Der Tempel hat auch einen kleinen Garten, wo man sich entspannen oder auch eine Gehmeditation ausprobieren kann.

Über den Skywalk ging ich nun am Central World vorbei, zur Platinum Mall. Hier war alles etwas einfacher und günstiger, auch wesentlich authentischer. In dieser Mall kauften die Einheimischen ein. Der allabendliche Nachtmarkt vor der Mall ist bei den Thais, aber auch bei Touristen, sehr beliebt. Mir war es dort aber zu viel Gewusel, also bin ich direkt weiter in die Palladium Mall, auf der anderen Seite der Kreuzung.

Die Palladium Mall war nicht so voll und wesentlich entspannter. Aber der eigentliche Grund, warum ich in diese Mall ging, waren die Massagen. Es ist dort zwar nicht günstiger als anderswo, aber die Massagen waren immer top.

Kaum in der Mall angekommen, da wurde ich auch schon von einer Massagefee abgegriffen und zu einer Liege geführt. Es folgte eine wunderbare Massage, wie ich sie in Bangkok nur an wenigen Orten bekam. Die Massagen dort sind meistens seriös, das heißt, die Damen werden normalerweise nicht zudringlich. Nur ein einziges Mal, wurde mir dort ein Handjob angeboten. Das war aber eher die Ausnahme, die Dame hatte offensichtlich Interesse an mir.

Nach der Massage habe ich der vergleichsweise neuen Mall »The Market«, einen Besuch abgestattet. Sie war auf dem Rückweg Richtung Central World, über den Skywalk auf der linken Seite zu erreichen. Diese Mall gehört zu meinen Favoriten, so unscheinbar sie auch ist. Es war nicht viel los, alles sehr entspannt, ideal zum Flanieren. In einer kleinen Boutique habe ich mir ein Hemd gekauft, was man nicht an jeder Ecke sieht.

Danach trank ich noch einen Kaffee, bei dem ich etwas bewegungsfaul wurde. Also habe ich den

Rückzug angetreten und bin zurück zum Hotel, um mich auszuruhen. Ich hatte wieder jede Menge Nachrichten von Ao, die mich gerne wiedersehen wollte. Wir chatteten ein wenig, ohne dass ich ihr irgendwas versprach.

Am Abend bin ich zur Asoke gefahren, in das Terminal 21; eine Mall, die bei den Thais extrem beliebt ist. Jede Etage ist nach einer Stadt gestaltet, mit entsprechenden Sehenswürdigkeiten. In der einen Etage ist man in Istanbul, in einer anderen in San Francisco.

Terminal 21

Aber für Sightseeing und Shopping, war ich diesmal nicht hier. Ziel war das Food Court, ein Bereich mit jeder Menge Garküchen, wo man eine unerschöpfliche Auswahl an Essen hatte. Ich ging zur

Kasse, ließ mir eine Karte für 300 Baht aufladen und bestellte mir dann ein paar leckere Sachen, die gut aussahen, von denen ich aber keine Ahnung hatte, was es war. Nach dem Essen ging ich auf das berühmte Terminal 21-Klo. In der Mall haben sie japanische Toiletten, die eine elektrische Arschdusche haben und beheizt sind. Nachdem ich mich vollgestopft und wieder entleert habe, war es fast 22 Uhr. Zeit für das Nachtleben.

Da ich schon in der Nähe war, entschied ich mich, der Soi Cowboy einen Besuch abzustatten. Zu Fuß war es nicht weit und als ich am Anfang dieser kleinen Spaßmeile stand, habe ich die verruchte Atmosphäre in mich aufgesogen. Zuerst setzte ich mich in den Außenbereich vom Country Road, wo ich einen guten Überblick über das Geschehen hatte. Bunte grelle Lichter, jede Menge Girls in Miniröcken und staunende Touristen.

Nun beschloss ich, in einer Go Go-Bar einzukehren, um in Stimmung zu kommen. Ich ging ins Tilac, dessen Aufmachung mir gut gefallen hat; die Beleuchtung war angenehm, das Ambiente modern. Schnell hatte ich einen Hasen an meiner Seite sitzen. Ich gab ihr einen aus und wir unterhielten uns. Sie war nicht annähernd so hingebungsvoll wie Ao, genau genommen, kam von ihr überhaupt nichts. Hübsch war sie, ohne Zweifel. Sie hatte blond gefärbtes Haar, eine äußerst knackige Figur und für eine Thai, eine ziemlich große Oberweite. Aus Neugier fragte ich sie, was es kostet, wenn sie über Nacht mit

42

mir kommt. Sie sagte, Longtime 6000 Baht, dann bliebe sie die ganze Nacht. Ich habe vor Schreck fast mein Bier ausgespuckt, das waren über 150 Euro. Wirklich überrascht hätte ich aber nicht sein dürfen, schließlich ist die Soi Cowboy ein wesentlich kostspieligeres Pflaster als Nana. Allerdings war es auch nicht selbstverständlich, dass Ao mit 2000 plus Trinkgeld zufrieden war. Go Go-Girls sind teurer als Bargirls oder Freelancer. Nach Barfine habe ich gar nicht mehr gefragt. Die beträgt in Go Go-Bars locker 1000 Baht und mehr, das wäre hier nicht anders gewesen.

So richtig wollte das mit uns beiden nichts werden. Manchmal ist es so, man ist sich zwar nicht unsympathisch, aber irgendwie stimmt die Chemie nicht. Da macht es keinen Sinn, irgendwas über das Knie zu brechen, vor allem nicht bei solchen Preisen.

Ich spazierte dann noch über die Soi Cowboy und überlegte, ins Crazy House zu gehen. Das ist die beliebteste Go Go-Bar in Bangkok, zumindest wird von dieser Bar am meisten geschwärmt. Ich fand die Bar grundsätzlich auch nicht schlecht, aber auch dort waren die Girls nicht wirklich günstig, wie ich ein Jahr zuvor erlebt hatte.

Nun war es an der Zeit, das Revier zu wechseln und ich spazierte wieder auf der Sukhumvit Road. Hin und wieder wurde ich von einer Bordsteinschwalbe angesprochen, allerdings hat mir keine gefallen. In der Dunkelheit, war es auch nicht leicht einzuschätzen, wie sie aussahen oder ob sich nicht ein Ladyboy dahinter verbarg.

Soi Cowboy

Dann kam ich am Ruamchitt Hotel vorbei, wo das Thermae Café im Untergeschoss war. Ich konnte schon aus einiger Entfernung, die ganzen hübschen Mädels sehen, die sich vor dem Laden getummelt hatten. Irgendwie bekam ich bei dem Anblick Appetit und ging die Treppe runter. Nachdem ich mir ein Bier geholt hatte, stellte ich mich einen Moment vorne hin und sondierte die Lage. Unmengen hübscher, junger Girls standen Seite an Seite und boten sich an.

Im Thermae Café arbeiten keine Professionellen. Die Mädels, die dort ihre Dienste anbieten, sind privat dort und wollen sich lediglich ihr Taschengeld aufbessern. Sie haben in der Regel ganz normale Jobs oder studieren. Wenn sie pleite sind oder ein neues

Handy brauchen, gehen sie ins Thermae und suchen sich jemanden, mit dem sie für Geld mitgehen können. Dass die Mädels dort privat sind, merkt man auch daran, dass sie verdammt wählerisch sind. Gegen die asiatischen Touristen haben die Europäer kaum eine Chance. Der Grund ist, dass die Asiaten leicht verdientes Geld sind. Sie haben kleine Schwänze, sind schnell fertig und zahlen nahezu jeden Preis.

Wie auch die anderen lüsternen Säcke, reihte ich mich im Pulk ein und ging im Kreis, um mir die Mädels aus der Nähe anzusehen. Die meisten ignorierten mich oder schauten sogar demonstrativ weg, um mir zu zeigen, dass ich es nicht sein würde. Manchen Mädels haben mich aber auch direkt angesehen und angelächelt, was ein ziemlich cooles Gefühl war. Ich kam mir vor, wie auserwählt, wenn mir so eine Schönheit ein Lächeln geschenkt hat.

Mein Verstand fing allmählich wieder an auszusetzen und ich musste raus, um im Kopf wieder klar zu kommen. Ich ging auf der Sukhumvit bis zur Sportsbar »The Game«, wo ich erst einmal auf Toilette ging und ein frisch gezapftes Bier trank. Während ich auf dem Monitor ein Fußballspiel sah, überlegte ich, noch einmal ins Thermae zurückzugehen. Einige Mädels waren verdammt hübsch, eine bessere Auswahl gab es außerhalb der Go Go-Bars kaum.

Also zurück gelatscht, Treppen runter, Bier und nächste Runde. Es war schon spät und der Laden zum

Glück nicht mehr so voll. Es waren sogar ein paar Sitzplätze frei. Ich schlurfte durch den Laden, schaute die Mädels an, die überwiegend wieder den Kopf weggedreht haben. Die eine oder andere Milf, die sich dazwischen gemogelt hatte, lächelte mich an, worauf ich dann derjenige war, der weggesehen hatte. Insgesamt war die Auswahl zu groß und ich konnte mich nicht entscheiden. So stellte ich mich an einen Tisch in der Mitte des Ladens und beobachtete die Szenerie. Während ich mich umschaute, bemerkte ich zwei Augen, die direkt auf mich gerichtet waren. Diese Augen waren von einem sehr süßen Mädel in einem kurzen weißen Kleid mit Blumenmuster. Sie hatte eine Top Figur, langes schwarzes Haar und war dezent geschminkt. Ihr Blick ruhte auf mir, ohne sich auch nur für eine Sekunde abzuwenden. Sämtliche Männer wurden ignoriert, was mich verblüffte, fast schon unheimlich in dem Laden. Ein Asiate sprach sie an, sie schüttelte nur den Kopf, ohne ihn anzusehen.

Ich lächelte und deutete auf den Platz neben mir, worauf sie kam und sich zu mir gesellte. Sie hieß Phan, war 34 Jahre alt und arbeitete in einem Friseursalon. Ihr Alter hat mich überrascht, geschätzt hätte ich sie auf Mitte 20. Wir verstanden uns auf Anhieb gut, sie war ehrgeizig, sportlich und wusste, was sie wollte. Sie hatte es nicht eilig, erzählte viel über sich, während sie gedankenverloren meinen Unterarm kraulte.

Ich fragte Phan, ob sie mit mir kommen wollte, worauf sie nickte. 3000 Baht wollte sie haben, das war mir trotz der Sympathie zu viel. Wir wurden uns aber

46

schnell bei 2000 Baht einig und gingen händchenhaltend zum Hotel.

Sie begleitete mich unter die Dusche, seifte mich zärtlich ein, was mich ziemlich scharf gemacht hat. Ich konnte meine Finger nicht stillhalten und befühlte ihre Brüste und ihren Hintern. Dann küssten wir uns, dabei wanderten ihre Hände runter an meine Eier.

Wir haben uns gar nicht richtig abgetrocknet, sind halb nass auf das Bett und haben wie wild rumgeknutscht. Sie fing an mir zärtlich einen zu blasen. Erst züngelte sie mit ihrer Zunge über meine Eichel, dann hat sie ihn mit ihren Lippen umschlossen und tief in den Mund genommen. Phan zog mir nun ein Gummi über, setzte sich auf mich und fing an ihr Becken langsam zu bewegen, während sie sich vorbeugte und ihre Lippen gierig auf meine presste. Sie bewegte sich schneller und stöhnte im Rhythmus ihrer Bewegungen, ich umfasste ihre Hüfte und drückte sie immer wieder fest auf mich. Dann drehten wir uns und ich lag auf ihr, wurde schneller und kam schließlich geräuschvoll zum Ende.

Wir haben noch lange wach gelegen, lagen nackt halb übereinander und unterhielten uns. Sie löcherte mich mit Fragen, nach Frau, Kinder und Job, erzählte aber auch viel von sich und von ihren Zukunftsplänen. Ich streichelte über ihren straffen Oberkörper und war ein wenig traurig, dass so eine Frau 10.000 km von mir entfernt wohnte. Kaum hatte ich den Gedanken zu Ende gedacht, schlief ich ein.

5

Nach einem Tag in Tempeln und einer Shopping-Tour, wollte ich diesmal ins Grüne. Es sollte auf die Halbinsel Ban Kachao gehen, welche auch als die grüne Lunge von Bangkok bezeichnet wird. Angefangen hat es mit einem richtig blöden Fehler. Ich habe mich in ein Taxi gesetzt und wollte damit direkt auf die Halbinsel. Auf der Karte sah alles easy aus, aber die Fahrt hat ewig gedauert, weil wir eine Riesenschleife fahren mussten. Als wir auf Ban Kachao ankamen, war ich überrascht, wie groß diese Halbinsel war. Tatsächlich hatte ich überlegt, alles zu Fuß zu erkunden, aber das habe ich mir dann ganz schnell anders überlegt.

Ich ließ mich zum Floating Market bringen, von dem ich schon viel gehört hatte. Als der Fahrer mich abgesetzt hat, stand ich mitten im Nirgendwo. Der Taxifahrer deutete auf einen Weg, den ich folgen sollte. Da mir nichts anderes übrig blieb, glaubte ich ihm mal. Weder Taxis noch Tuk-Tuks waren zu sehen, wie in einem Dorf auf dem Land. Ich überlegte, wie ich hier überhaupt wieder wegkommen sollte und ging den Weg entlang, auf den der Fahrer gezeigt hatte. Dann erreichte ich aber nach kurzer Zeit mit einem etwas unguten Gefühl mein Ziel.

Als ich den Markt betrat, hatte sich die Mühe gelohnt. Es war sehr authentisch und natürlich. Da kam richtig Isaan-Stimmung auf. Kaum zu glauben, dass so dicht an dieser lauten und qualmenden Stadt, alles so grün und ruhig sein konnte. Auch die Menschen waren hier völlig anders, als ein paar Kilometer weiter nördlich. Englisch konnte kaum jemand, aber alle waren freundlich. Ich bin den Markt zweimal abgelaufen, habe mir neugierig das angebotene Essen angesehen, probierte auch das eine und andere. Ich mag es, Dinge zu essen, von denen ich nicht weiß, was es ist. In Thailand war bislang alles sehr köstlich – mit Ausnahme der Durianfrucht, die riecht wie ein Furz nach einem Teller Bohnen.

Nun wollte ich noch zum Naturpark, der irgendwo in der Gegend sein musste. Es gab nur ein Problem … wie sollte ich hier wegkommen? Ich schaute mich auf dem Markt um und überlegte. Dann habe ich beobachtet, wo die meisten Leute herkamen und in welche Richtung die meisten gingen. Ich folgte den Leuten und sah mich bald auf einem Parkplatz wieder. Ein Granitklotz viel mir vom Herzen, als ich eine Gruppe von Motorbike-Taxifahrern sichtete. Zum Glück haben sie gleich verstanden, was ich wollte, somit war ich in wenigen Minuten am Eingang des Naturparks angelangt.

Direkt am Eingang habe ich mir ein Fahrrad geliehen und bin damit losgeradelt. An diesem Ort war ich in der puren Natur, wo ich mir vorkam wie in einem Urwald. Ich konnte kaum begreifen, dass es mitten in dieser Metropole, so einen Dschungel gab.

Es ging durch verschlungene Wege, über eine Seebrücke und zu guter Letzt bin ich auf einen Aussichtsturm gestiegen. Von dessen Spitze konnte ich allerdings nichts anderes sehen, als den Dschungel, der mich umgab.

Viele junge Thais sind mir hier begegnet, die einen Ausflug machten. Der Naturpark ist für die gestressten Großstadtleute eine beliebte Abwechslung.

Ban Kachao Naturpark

Als ich wieder am Eingang ankam, gab ich zufrieden das Fahrrad zurück und schaute mich nach

Motorbike-Taxis um. Auch hier hatte ich mir umsonst Sorgen gemacht, denn in der Nähe des Eingangs hielten sich ein paar von denen auf. Ich entschied mich diesmal für eine Frau, ging zu der Fahrerin und erklärte ihr, dass ich irgendwie ins Zentrum muss, aber keine Ahnung hatte, wie ich da hinkommen sollte. Sie sagte nur »no problem«, also stieg ich auf und war schnell am nächsten Ziel. Sie hatte mich an einem Anleger abgesetzt, von wo ich mit einem Klong Boat für 10 Baht über den Fluss gebracht wurde. Auf der anderen Seite standen dann auch schon die Tuk-Tuks bereit, wovon mich eines zum Lumpini Park brachte.

Der Lumpini Park ist beeindruckend groß, wenn man bedenkt, wie zentral er ist. Hier findet man die ideale Abwechslung, wenn man mal aus der Hektik raus will. Es lässt sich gut ausspannen oder Sport treiben. Für Jogger und Radfahrer sind die Voraussetzungen ideal.

Wenn die Sonne untergeht, treffen sich hier Massen von Läufern, die gemütlich ihre Runden drehen. Der Park ist auch gut mit dem BTS erreichbar, der zum Fluss fährt.

Während ich durch den Park spazierte, entdeckte ich einen Waran. Das Vieh war mindestens einen Meter lang und kroch gemütlich über den Rasen. Ich ging näher heran, hielt aber den nötigen Respektabstand ein und beobachtete ihn. Er beachtete mich nicht, kroch gemütlich zum See und ließ sich ins Wasser gleiten.

Lumpini Park

Nordöstlich des Parks, bin ich dann raus auf die Green Mile gegangen.

Die Green Mile ist ein Rad- und Fußweg, der direkt zum Benjakitti Park führt. Wie eine Art Brücke, sind die beiden Parks über diesen Weg verbunden.

Obwohl es in vielen Reiseführern als Geheimtipp angepriesen wird, habe ich dort nie viele Touristen wahrgenommen. Ich mag diesen Weg sehr, zeigt er doch die Kontraste von Bangkok. Man geht vorbei an einfachen Häusern und dahinter bauen sich die Wolkenkratzer auf.

Ich schaute hinunter und sah die Leute bei ihrer Tagesbeschäftigung. Eine Frau hatte gerade eine Waschmaschine angeschmissen. In einem Haus war ein provisorischer Kaufladen integriert, wo man die Dinge des täglichen Bedarfs kaufen konnte. Auf einer Art Veranda lag ein alter Mann und hat geschlafen. Die Menschen hier, waren sicher alles andere als reich. Umso befremdlicher war der Blick nach oben auf die Wolkenkratzer, wo die Reichen zu Hause waren.

Blick von der Green Mile

Als ich den Benjakitti Park erreicht habe, ging die Sonne langsam unter. Dieser Park gefiel mir noch besser als der Lumpini Park, weil der Ausblick auf die Skyline von Bangkok atemberaubend war. Ich wartete, bis die Sonne untergegangen war, und ging dann eine Runde, um diese unglaublich beeindruckende Skyline zu bestaunen.

Durchgeschwitzt und von Mücken zerstochen, machte ich mich dann auf den Weg ins Hotel.

Benjakitti Park

Frisch geduscht, schlenderte ich auf der Sukhumvit Road rauf bis zur Soi 14. Ich bog in die Soi ab und nach ein paar Schritten tauchte auf der rechten Seite mein Ziel auf. Das Restaurant Suda, ein thailändisches Restaurant, wo ich Stammgast war.

Ich bestellte mir ein Curry-Gericht und trank dazu ein Wasser. Das Essen war außerordentlich gut und ich genoss es, mal wieder traditionell zu essen. Dieses Restaurant hatte den typischen Charakter einer Straßenküche. Als ich das erste Mal dort war, hatte ich Sorge, dass ich es nicht vertrage würde, aber diese Sorge war unbegründet. Der einzige Wermutstropfen

54

bei diesem Restaurant ist die Beliebtheit. Es ist meistens voll und dementsprechend versuchen sie, die Gäste schnell durchzubekommen. Mal für zwei Stunden gemütlich sitzen, wird nicht gerne gesehen.

Gut gesättigt, ohne mich vollgefressen zu fühlen, ging es auf die Sukhumvit auf Seite der ungeraden Sois. Ich startete nun in der Soi 7, wo gleich zu Beginn einige Straßenbars waren. Provisorisch aufgebaute Tische und ein paar Plastikhocker, waren so ziemlich alles. So rudimentär diese Street Bars auch sind, mache ich immer mal wieder Halt an so einer Bar. Durch die Schlichtheit auf dem Asphalt, zwischen dem Müll und den Ratten, fühle ich mich geerdet. Auch hier habe ich manches Mal schon ein nettes Mädel kennengelernt und eingepackt.

Heute ging ich aber vorbei und schaute in das neue Barviertel. Es war noch so neu, dass noch gar nicht jede Bar geöffnet hatte. Dieses Viertel ist als Ersatz für den Queens Park entstanden, der in der Soi 22 abgerissen wurde.

Ich schlich um die Bars herum, wo die Mädels freundlich aber unaufdringlich waren, sehr sympathisch. Ich kehrte spontan in einer Bar ein, wo ich von einer äußerst freundlichen Lady angestrahlt wurde.

Sie war ca. 30 Jahre alt, eine hübsche Erscheinung, mit etwas Speck an den Hüften. Als einziger Kunde bekam ich die volle Aufmerksamkeit und wurde umgehend bestens umsorgt.

Ich bestellte mir ein Bier, für sie auch gleich einen Ladydrink, und wir unterhielten uns. Sie erzählte mir, wie schlecht es in der Bar lief, kaum Kunden, nie was los. Das war für mich nicht schwer zu glauben. Bis auf drei oder vier Bars war hier überhaupt nichts los. Auf der anderen Seite empfand ich das alte Barviertel auch schon als Geisterort. Die Atmosphäre war gar nicht schlecht, nettes modernes Design, unaufdringliche Beleuchtung und eine reizende Lady. Trotzdem wollte ich nicht den ganzen Abend hier verbringen und machte mich auf den Weg.

Draußen ging ich weiter zu dem berühmten Biergarten, wo sich die heißesten Milfs in Bangkok aufreißen lassen.

Der Biergarten ist so eine Art große Kneipe. Vom Ambiente vielleicht eher noch mit einer Art Brauhaus vergleichbar, nur dass sie kein Bier brauen. Dort sitzen vom frühen Nachmittag bis spät in die Nacht, Frauen im mittleren Alter. Diese Ladys hängen dort ab, auf der Suche nach Touristen, die sie für entsprechendes Taschengeld begleiten. Was die Qualität der Frauen angeht, gehen die Meinungen stark auseinander. Ich habe bislang immer gute Erfahrungen mit dem Laden gemacht. Sogar eine richtig hübsche 24-Jährige habe ich hier schon einmal aufgegabelt.

Ich drehte in dem Laden eine Runde und fühlte mich wie ein Rockstar. Die Ladys himmelten mich an und versuchten, sich von ihrer besten Seite zu zeigen. Ich setzte mich an einen Tresen und bestellte ein Bier.

Ich dachte, die Mädels springen mich jeden Moment an. Es war unverkennbar, dass dort heftig um die Männer gebuhlt wurde. Ein entsprechender Konkurrenzkampf, war nicht zu übersehen.

Eine Lady, die mich an Eingang schon fast eingesaugt hatte, tickte mir auf die Schulter. Noch bevor ich reagieren konnte, saß sie neben mir und redete, ohne Luft zu holen. Ziemlich direkt wollte sie mich von ihren Vorzügen überzeugen. Sie streckte ihre Brüste raus, befummelte mich und sagte mir, was ich für ein hübscher Kerl sei. Irgendwie war sie aber nicht mein Ding und ich habe ihr freundlich gesagt, dass es nichts wird. Sie akzeptierte es klaglos und so schnell, wie sie da war, ist sie auch wieder verschwunden, um sich am Eingang für den nächsten Besucher in Stellung zu bringen.

Nun erblickten meine Augen eine äußerst sympathische Gestalt, nur einige Meter neben mir. Sie trug ein weißes Shirt, Jeans und flache Schuhe. Mit Schminke ging sie sparsam um und sah trotzdem gut aus. Mir gefiel ihre unscheinbare, fast schüchterne Art. Ich lächelte sie an, fragte, wie es ihr geht, worauf sie mir freundlich antwortete und mit ein paar Standardfragen, wie »bist du im Urlaub?« oder »reist du alleine?«, stellte. Nachdem wir mit den Eingangsfloskeln durch waren, bat ich sie, sich zu mir zu setzen. Als sie aufstand, stellte ich fest, dass auch ihre Figur nett anzusehen war.

Wir tranken was zusammen und unterhielten uns hervorragend. Ihr Englisch war zwar mäßig, aber da ich selber ein wenig Thai konnte, kamen wir mit einer Mischung aus Englisch und Thai ganz gut durch.

Ihr Name war Chan, sie war 38 Jahre alt und stammte aus Bangkok. Sie arbeitete in einer Garküche, wo sie nur mäßiges Geld verdiente.

Auch sie kam hierher, um sich etwas Taschengeld zu verdienen. Sie sagte mir, dass sie nur sehr selten im Biergarten war, was ich ihr glaubte. Gesehen hatte ich sie auf jeden Fall noch nie. Zaghafte Berührungen am Arm oder am Bein, begleiteten die Unterhaltung, wie bei einem ganz normalen Flirt.

Nun bot ich ihr an woanders hinzugehen, um noch was zu trinken. Sie war einverstanden, worauf ich einen der Angestellten um die Rechnung bat. Da ich nur noch große Scheine hatte, legte ich einen 1000 Baht Schein auf den Tresen und fotografierte ihn, sodass der Angestellte das sah. Als er den Schein nahm, sagte ich noch einmal deutlich, dass es 1000 Baht sind. Normalerweise mache ich so was nie, aber im Biergarten hatte ich bereits zweimal mit der Masche Ärger, dass ich 1000 hingab, der Angestellte 10 Minuten weg war und mir dann für 500 rausgegeben hat.

Wir gingen händchenhaltend auf die Sukhumvit in Richtung Asoke. Wir kamen an der Soi 7/1 vorbei, welches »die« Straße für Blowjob Bars und Puffs ist. Dann sind wir in die Soi 11 eingebogen, wo auf der linken Seite das Zanzibar war. Ein Biergarten, wo man in entspannter Atmosphäre und bei chilliger Livemusik, nett was trinken kann.

Wir tranken ein Bier, schauten uns die Band an und plauderten nett. Sie erzählte von sich und ihrer Familie, dabei wurden wir immer vertrauter mit unseren Blicken und den Berührungen.

Die Stimmung wurde lockerer und irgendwann fragte sie mich, ob ich den Havanna-Club auf der Soi 11 kannte. Ich hatte davon schon gehört, war aber nie da gewesen. Wir tranken das Bier aus und machten uns auf dem Weg, die Soi hinauf.

Der Club war von außen unscheinbar, ich hatte ihn vorher nie bemerkt. Vor der Tür war ein Telefon, wo Chan eine Nummer eingegeben hat, daraufhin ging die Tür auf und ich dachte, ich bin direkt in Havanna gelandet. Salsa-Musik drang in meine Ohren. Es war dunkel und ziemlich rustikal. Der Club war einer kubanischen Bar nachempfunden. Ich konnte es kaum fassen, dass ich hier noch in Asien war.

Wir setzten uns an die Bar, bestellten Bier und beobachteten die Leute. Viele der Besucher trugen karibische Hüte, manche Paare hatten sich richtig toll rausgeputzt. Frauen in so eleganten Kleidern, wie man es sonst nur bei edlen Cocktailpartys erwartet hätte. Die Männer schick gekleidet, mit einer stolzen und selbstbewussten Ausstrahlung. Es war nicht nur Show, was die da abzogen, die konnten auch richtig tanzen. Flüssig und rhythmisch ihre Bewegungen, die Stimmung war ausgelassen.

Wir beobachteten eine Weile das Spektakel, bis wir beschlossen ins Hotel zu gehen, um den Abend mit ein wenig Zweisamkeit ausklingen zu lassen.

Havanna Social

Im Hotelzimmer angekommen, duschten wir getrennt. Als ich aus dem Bad kam, machte ich auf meinem Tablet südamerikanische Lounge-Musik an und rauchte gemütlich eine Zigarette auf dem Balkon, während sie duschte.

Als sie herauskam, war ich erfreut von ihrem Anblick. Die Figur war auch ohne Kleidung sehr nett anzusehen. Sie hatte kleine aber feste Brüste, war schlank und frisch rasiert.

Wir legten uns ins Bett und aus der verhaltenen, schüchternen Lady, wurde eine richtige Wildkatze.

60

Wir knutschten erst zaghaft, dann immer wilder, die Küsse wurden fordernd und nass. Sie rutschte runter, um mir einen zu blasen. Richtig genüsslich nahm sie ihn tief in den Mund und machte dabei schmatzende Geräusche. Anschließend strich sie mit ihrer Zunge über meinen Schwanz, dann meine Eier, die sie gierig leckte. Ihre Zunge wanderte weiter runter und massierte meinen Schaft. Dann öffnete sie meine Arschbacken und berührte mit ihrer Zungenspitze meine Rosette. Es schien ihr richtig Spaß zu machen. Sie hörte gar nicht mehr auf, züngelte gekonnt an meiner Rosette rum, leckte dann meine Eier um wieder mit der Zunge herunter zu wandern. Dabei massierte sie meinen feuchten Schwanz, schaute mir zwischendurch immer wieder gierig in die Augen.

Schließlich hielt ich es nicht mehr aus und griff zum Gummi auf dem Nachttisch. Sie beugte sich in der Doggy vor mich hin und ich presste meinen Schwanz von hinten in ihre Möse. Sie stöhnte auf und hielt fest dagegen, dann erhöhte ich das Tempo und stieß kräftiger, worauf sie den Kopf in den Nacken legte und Lustschreie ausstieß.

Wir haben noch einmal gewechselt und ich habe sie in der Missy genommen. Auch hier habe ich mich erst langsam in sie gepresst, um dann immer wilder in sie reinzustoßen. Sie stöhnte laut, kniff mir in die Brustwarzen, bis ich schließlich heftig zum Abschluss kam.

Wir setzten uns auf den Balkon, tranken ein Bier zusammen und unterhielten uns. Die Gespräche mit ihr waren sehr angenehm. Sie hatte viel

Lebenserfahrung, wodurch sie ziemlich abgeklärt war und dem Leben gelassen gegenüberstand. Sie war gebildet, was Politik und Weltgeschehen anging, hatte auch eine klare und vernünftige Meinung, was mir gut gefiel.

Als wir im Bett lagen, ließ ich die südamerikanische Musik laufen und schlief mit den Bildern aus dem Havanna-Club ein.

6

Praktisch zeitgleich sind wir am Morgen aufgewacht. Ich schaute Chan an, die ebenfalls schon wach war und deren Blick auf mir ruhte. Auf ihren Lippen lag ein zufriedenes Lächeln. Ihre Hand wanderte über meinen Körper bis runter zwischen meine Beine, wo sich gleich wieder was regte. Ohne etwas zu sagen, glitt sie an mir runter, um mir einen zu blasen. Sie machte die gleiche Prozedur wie in der Nacht und leckte ausgiebig meine Rosette. Eigentlich hatte ich heute Morgen gar keine Lust, aber mit ihrer Zunge hatte sie mich wieder geil gemacht. Ich griff zum nächsten Gummi und brachte es mit einem Quickie in der Missy zu Ende.

Als ich Chan mit angemessenem Taschengeld verabschiedet hatte, 2000 Baht wie meistens, checkte ich meine Handynachrichten und stellte fest, dass 13 Nachrichten von Ao drauf waren. Ich antwortete ihr wieder knapp, doch diesmal ließ sie nicht locker und es kam ein Videoanruf über Line. Sie strahlte in die Kamera, erzählte mir, wie sehr sie mich vermisste, und wollte mich so gerne wiedersehen. Ich sagte ihr, dass es mein letzter Tag in Bangkok war und ich am nächsten Tag weiterreisen würde, worauf sie schaute, wie ein begossener Pudel.

Als sie fragte, was ich noch vorhatte an dem Tag, sagte ich ihr, dass Sightseeing auf dem Plan stand. Sie sagte nur »ok, ich gehe mit dir« und eine halbe Stunde später, stand sie vor dem Hotel.

Ao fragte mich, ob ich etwas Bestimmtes sehen wollte, aber ich entgegnete ihr nur, dass ich mir ein paar Tempel ansehen wollte. Sie beschloss, für heute mein Guide zu sein, nahm meine Hand und wir spazierten zur BTS-Station. Als ich sie fragte, wie lange sie Zeit hat, sagte sie nur, soviel ich will. Als ich fragte, wann sie in die Go Go-Bar musste, erwiderte sie, dass sie aufgehört hat. Ich war überrascht und auch neugierig, bekam aber nichts aus ihr heraus. Sie meinte nur noch, dass sie nach Hause fährt, und wechselte das Thema. Wie selbstverständlich hielt sie meine Hand und wir plauderten so vertraut, als wären wir schon ewig ein Paar.

Wir fuhren stadtauswärts bis zur Station Punnawithi, gingen in einen Family Market und kauften Geschenke für die Mönche. Dann gingen wir zum Wat Dhammamongkol, ein bei Touristen kaum bekannter Turmtempel. Sie führte mich direkt zu einem Mönch, der Sitzungen für die Gläubigen abhielt. Wir knieten vor ihm, verbeugten uns dreimal und Ao übergab ihm die Geschenke. Dann unterhielten sie sich eine Weile, wovon ich so gut wie gar nichts verstand. Es folge die Zeremonie, bei der er uns segnete und dabei mit Wasser beträufelte.

Zum Schluss knotete er uns beiden noch ein rotes Bändchen um das Handgelenk.

Wat Dhammamongkol

Danach haben wir uns umgesehen und sind in den Haupttempel hinein gegangen. Dort waren ausschließlich Thais, die beteten oder meditierten. Wir nahmen uns Sitzmatten und setzten uns etwas abseits. Ao hatte die Augen geschlossen und schien zu beten, ihre Lippen bewegten sich lautlos.

Ich wäre gerne den Turm rauf, um von oben ein paar Fotos zu machen, aber der Fahrstuhl war defekt. Als ich die Treppe raufgehen wollte, zog sie mich weg und meinte, dass es kein guter Zeitpunkt wäre. Ich gab nach, da ich wusste, dass die Thaigirls nicht so gut zu Fuß sind. Hätte ich sie die Treppe rauf gescheucht, wäre der Tag vermutlich gelaufen.

Als wir draußen waren, organisierte Ao ein Tuk-Tuk und es ging weiter zum nächsten Tempel. Wir fuhren Richtung Ekkamai und bogen dann zum Wat Pase ab, einen Tempel, der nah am Kanal lag.

Wat Pase

Der Tempel war von außen nichts Besonderes, Menschen waren kaum zu sehen, aber es gab hier viel zu lernen.

Ao erklärte mir alles Mögliche über buddhistische Rituale. Wir gossen Öl in eine Schale und zündeten einen Docht an, der mittig in dem Gefäß positioniert war. Dann fütterten wir einen Automaten mit Geld, der uns anschließend eine Segnung ausspuckte, die uns Glück und Wohlstand bringen sollte. Zu guter Letzt krochen wir durch einen Tunnel innerhalb des Gebäudes. Durch die gebückte Haltung sollten wir Demut lernen. Mit viel Begeisterung erklärte sie mir alles und ich nahm es dankbar auf.

Im Anschluss gingen wir zum Kanal und warteten am Anleger auf das nächste Boot. Es dauerte nicht lange, bis ein Boot kam, mit dem wir bis zum Jim-Thompson-Haus fuhren. Ein Museum, wo ich trotz der großen Bekanntheit, noch nie war. Wir nahmen an einer Führung teil, hörten den Erklärungen der Museumsführerin zu und warteten, bis die Führung zu Ende war. Das Haus war interessant, aber ich war mehr an der thailändischen Kultur interessiert, was ich hier nicht wirklich gefunden habe. Ao hatte mich vermutlich hingeführt, weil sie dachte, es interessiert mich. Sie selber schien sich auch zu langweilen.

Einvernehmlich gingen wir wieder zum Kanal, um unsere Fahrt mit dem Boot fortzusetzen.

Unser nächstes Ziel war der Golden Mount Tempel. Es war ein Tempel auf einem kleinen Berg, mit einem herrlichen Ausblick über Bangkok.

Als wir ankamen, sagte Ao, dass ich ruhig alleine raufgehen sollte und sie unten auf mich warten würde. Das wollte ich diesmal allerdings nicht, nahm die Maus an der Hand und zog sie hinter mir her, wie einen nassen Sack. Als wir ungefähr die Hälfte des Weges geschafft hatten, ließ ihr Genörgel nach und auf der ersten Plattform zog sie ihr Handy und machte voller Begeisterung Selfies. Oben angekommen, machten wir noch ein Ritual, was mir meine Maus genau erklärte. Ich nahm ein Gedeck, welches auf einem Tisch bereitstand und umschritt den Chedi, die kegelförmige Spitze des Tempels, dreimal. Dann legte ich das Gedeck am Sockel des Chedi ab. Ao beobachtete mich stolz und machte jede Menge Bilder von mir. Danach war sie dran und machte ihre Runden und auch ich schoss einige Bilder von ihr.

Wie ich sie so betrachtete, merkte ich, wie gut ich mich mit ihr fühlte. Sie kümmerte sich so aufopferungsvoll um mich, dass es fast schon rührend war. Ich war überzeugt davon, dass sie eine sehr gute Mutter war. Ich betrachtete ihr hübsches Gesicht, die kleine Stupsnase, die zierliche Figur und stellte fest, dass es irgendwie kribbelte in meinem Magen. Das war nicht gut … überhaupt nicht gut.

An der Außenmauer ließen wir uns nieder und saßen dicht zusammen auf dem Boden. Wir betrachteten die Bilder und unterhielten uns. Währenddessen wurden Sitzmatten ausgelegt und die ersten Leute ließen sich für das Abendgebet nieder. Die Sonne näherte sich dem Horizont und die Mönche kamen, um die Zeremonie abzuhalten.

Wir überlegten, was wir den Abend machen wollten, und ich schlug vor, dass wir schick essen gehen könnten, und danach wollte ich auf eine Skybar.

Nach einigen Hin und Her schlug ich den Lebua Tower vor. Da wollte ich schon immer hin, aber entweder hat es an Gelegenheit gefehlt oder an einer angemessenen Begleitung. Ao warnte mich, dass es teuer wird, das war mir aber egal. Ich fühlte mich gut, alles hat gepasst, viel Geld hatte ich auch noch nicht ausgegeben … also wollte ich es mal krachen lassen.

Golden Mount (Wat Saket)

Mit dem Tuk-Tuk sind wir zu ihrer Wohnung gefahren, die sie sich mit einer Freundin teilte. Von Wohnung konnte man eigentlich nicht reden, es war

69

nur ein Wohnraum, wo die beiden auf Matratzen schliefen. Ein kleiner Balkon ging nach vorne raus. Sie hatten keine Klimaanlage, dafür standen zwei Ventilatoren in den Ecken, die gegen die Tropenhitze ankämpften.

Ao hat ewig gebraucht, um sich fertigzumachen. Auf dem Lebua Tower war sie selber auch noch nie und es war auch für sie ein besonderes Highlight. Als sie schließlich aus dem Bad kam, hat es mich regelrecht umgehauen. Sie hatte ein rotes Seidenkleid an. Das Kleid ging bis knapp über die Knie, es wehte leicht zur Seite unter dem Windstrom der Ventilatoren. Das Dekolleté ließ einen Blick auf ihre Brustansätze zu, ohne zu viel zu zeigen. Dazu trug sie hochhackige schwarze Pumps. Der Anblick hat mich auf Anhieb geil gemacht, aber das wäre jetzt wohl eine schlechte Idee gewesen.

Auf der Fahrt zu meinem Hotel nahm sie dankbar meine Komplimente zur Kenntnis und unterhielt sich mit dem Taxifahrer, der neugierig war und wissen wollte, was wir an dem Abend vorhatten.

Während ich duschte und meine besten Klamotten zusammensuchte, die ich in meinem Koffer finden konnte, reservierte Ao einen Tisch in dem Sirocco Restaurant. Wir hatten noch Zeit und setzten uns auf den Balkon, plauderten, hielten Händchen und sahen uns Bilder von dem Restaurant und der Bar an, wo es an diesem Abend hingehen sollte.

Kaum ist das Taxi am Lebua Tower vorgefahren, wurden wir wie Prominente empfangen. Die Angestellten haben uns direkt am Taxi abgeholt und uns nach innen zum Fahrstuhl geleitet. Als wir das Restaurant betraten, wurden wir sofort in Empfang genommen und zu unserem Tisch begleitet. Ao haben sie behandelt, wie eine Prinzessin. Ich war sicher, dass sie wussten, in was für einem Etablissement ich sie aufgegabelt hatte, aber sie ließen sich nichts anmerken.

Klassische Musik wurde von einem Streichquartett vorgetragen. Sie spielten viele bekannte Stücke von Mozart, Bach, Mendelsohn und einigen anderen Ikonen. Ao konnte mit der Musik nichts anfangen, war aber begeistert von dem edlen Ambiente und den fantastischen Ausblick auf die Skyline von Bangkok.

Wir bekamen die Menükarten, wo mir die Preise wie Pfeile in die Augen schossen. Irgendwie war es mir aber in dem Moment egal, ich hatte 20.000 Baht dabei und zur Not auch noch zwei Kreditkarten. Wir bestellten ein Vier-Gänge-Menü, jeweils ein Glas Weißwein und eine Flasche Wasser.

Uns wurden vor und zwischen den Gängen kleine Aufmerksamkeiten der Küche gereicht, sodass es am Ende eigentlich sieben Gänge waren. Allerdings waren die Aufmerksamkeiten eher Häppchen. Zwischendurch wurde frischgebackenes Brot gereicht, was köstlich war. Jeder einzelne Gang wurde mit großem Tamtam angekündigt und sie haben uns erklärt, was es war. Da ich keine Ahnung von Essen habe und mein englisches Vokabular entsprechend schlecht ist, verstand ich nur die Hälfte. Es waren in erster Linie europäische und australische Spezialitäten. Jeder einzelne Gang war ein Hochgenuss, Ao war hin und weg und hat jede Einzelheit mit ihrem Handy fotografiert.

Obwohl die Portionen nicht besonders üppig waren, wurde ich trotzdem satt. Das lag zum einen daran, dass sie uns Brot ohne Ende gereicht haben, zum anderen war der Nachtisch eine Kalorienbombe. Für meine Kleine war es zu viel und sie hat mich mit ihrem Nachtisch gefüttert.

Als wir schließlich aufgegessen hatten, bedankte Ao sich überschwänglich. Sie war so aus dem Häuschen, dass ihr glatt die Tränen kamen. Spätestens in dem Moment wusste ich, dass es die richtige Entscheidung war, auch bei diesem Wahnsinnspreis.

Als sie auf Toilette ging, ließ ich mir die Rechnung bringen. Mit Erleichterung stellte ich fest, dass mein Bargeld locker reichte. Ich zahlte dann aber doch mit Kreditkarte, um genug Cash für die Weiterreise zu haben. Mein Ziel für den nächsten Tag war Ayutthaya und ich war nicht sicher, ob da an jeder Ecke ein ATM stehen würde.

Wir machten noch einen Abstecher auf die berühmte Skybar, um noch einen von den sündhaft teuren Cocktails zu trinken. Als wir heraustraten, hielt ich den Atem an. Eine breite Treppe führte hinunter zu der Bar, die durch eine dezente Ambientebeleuchtung wirkungsvoll in Szene gesetzt wurde. Dahinter

72

hat sich die Skyline von Bangkok aufgebaut, durch die sich der Chao Phraya River schlängelte. Ein freundlicher Angestellter machte ein paar Bilder von uns, mit der Skyline im Hintergrund. Ao konnte gar nicht genug Bilder bekommen und wollte in allen erdenklichen Posen abgelichtet werden.

Dann bestellten wir uns an der Bar einen Cocktail. Ao war selig und bedankte sich unentwegt für den Abend. Sie schmiegte sich an mich und gab mir immer wieder Bussis.

Lebua Tower

Während wir mit dem Taxi zurück zum Hotel fuhren, ging mir durch den Kopf, wie irre das war, so viel Geld auszugeben. Über 400 Euro hat mich der Abend gekostet, aber es hatte sich gelohnt. Es war ein einmaliges Erlebnis, von dem ich wusste, ich würde mich noch lange daran erinnern.

Als wir im Hotelzimmer ankamen, zog ich gemütlich die Schuhe aus, legte meine Sachen auf den Tisch und schaute zu Ao, die mich ernst ansah. Sie fixierte mich, nein, nagelte mich fest mit ihren Augen, kam auf mich zu und küsste mich. Wir legten uns auf das Bett und ich streichelte über ihr Kleid, schob meine Hand in ihr Dekolleté. Ich spürte ihre Brüste, deren Nippel ganz hart waren. Sie küsste mich feucht, schob ihre Zunge gierig in meinen Mund, während meine Hand an ihrem Kleid runterrutschte und die Innenseite ihres Oberschenkels streichelte, dann hoch wanderte bis zu ihrem Slip. Sie griff direkt zwischen meine Beine, öffnete meine Hose und griff beherzt hinein. Wir waren in dem Moment so heiß aufeinander, dass ich befürchtete gleich zu kommen.

Dann zogen wir uns aus, wobei sie ihren Slip noch anließ. Ich erkundete mit meiner Hand ihren Körper, während sie meinen Schwanz streichelte. Dann küsste ich ihre Brüste und spielte mit meiner Zunge an ihren harten Nippeln. Als ich mit meinen Lippen über ihren Bauch abwärts wanderte, legte sie den Kopf zurück und stöhnte lustvoll auf. Ich küsste ihre Muschi durch den Slip, den ich ihr anschließend auszog. Frisch rasiert öffnete sie ihre Beine und ließ mich gewähren. Ich küsste sie auf die Schamlippen und leckte dann sanft mit der Zungenspitze darüber. Ich streichelte mit meiner Fingerspitze zwischen ihren Lippen und spürte, wie klitschnass sie war. Nun

74

begann ich sie zu lecken, dabei stöhnte sie lustvoll, schaute immer wieder zu mir herunter. Mit den Fingern hielt sie ihre Muschi auseinander, während ich sie leckte und sanft einen Finger in sie hineinbohrte. Nach einigen Minuten bäumte sie sich auf und drückte ihre Muschi fest gegen mein Gesicht. Ich gab etwas nach, worauf sie meinen Kopf fest gegen ihre Muschi drückte. Sie stöhnte so laut, es hörte sich fast an, als bekäme sie einen Weinkrampf.

Ihr Atem wurde langsamer und ihr Körper entspannte sich. Ich glitt zwischen ihren Beinen hoch, umarmte sie und wir küssten uns.

Ich nahm ein Gummi und während ich es mir überstreifte, lächelte sie und sagte, dass ich ein guter Kerl sei. Ich bedankte mich mit einem Kuss und drang langsam in sie ein. Sie umschlang mich mit den Beinen und ich fing an mich in ihr zu bewegen. Ganz sanft und tief bewegte ich mich in ihr, dann wurde ich schneller; sie wurde fordernder und stöhnte wieder laut auf. Nach einiger Zeit merkte sie, dass ich soweit war und feuerte mich mit »fuck me« an. Es dauerte nicht lange und ich bekam einen gewaltigen Orgasmus.

Wir blieben eine ganze Weile in der Position liegen, unsere Körper nassgeschwitzt, mein Herz immer noch am Rasen.

Ao fragte mich, ob ich was trinken wollte, allerdings hatte ich keinen Durst. Sie sagte, dass sie mir gerne was Gutes tun wollte, schließlich stimmte ich einem Bier zu. Sie ging zum Kühlschrank, nahm ein

Bier heraus, füllte es feierlich in ein Glas und reichte es mir unterwürfig. Dann nahm sie sich selbst ein Wasser und legte sich zu mir.

Eine Weile lagen wir wortlos da und streichelten uns, jeder in seinen Gedanken. Dann nahm ich das Tablett und bat sie, auf YouTube nach Isaan-Musik zu suchen. Sie freute sich, dass mir die Musik gefiel und kurz darauf erklangen die fröhlich rhythmischen Klänge eines traditionellen Thai-Songs. Sie lag in meinem Arm, küsste mich zwischendurch, um sich dann wieder an mich zu schmiegen.

Irgendwann sagte sie mir auf Thai, dass sie mich liebte. Ich sagte auf Thai, dass ich sie mochte, und küsste sie. Sie öffnete dabei ihren Mund und schob ihre Zunge zwischen meine Lippen, ihre Hand glitt dabei wieder zwischen meine Beine. Als das Leben wieder in mir erwachte, glitt sie an mir herab und streifte dabei mit ihrem Körper über meinen Schwanz, der sich anfühlte, als würde er platzen wollen. Dann nahm sie ihn in die Hand und führte ihn sich in den Mund. Ich beobachtete, wie ihre Zunge und ihre Lippen genussvoll an mir spielten. Dann nahm sie ein Gummi, zog es mir über und setzte sich auf mich. Sie führte sich meinen Schwanz ein und drückte in rhythmischen Bewegungen ihr Becken runter. Ich spürte, wie sie mich umschloss, streichelte ihre Brüste und hielt dagegen. Sie beugte sich vor, drückte ihre Lippen auf meinen Mund und küsste mich immer wilder. Sie ritt mich schneller und stieß ihr Becken dabei kräftig auf meines. Ich fasste mit

76

beiden Händen ihre Hüfte und unterstützte ihre Bewegungen, indem ich sie kräftig zu mir runter drückte. Es dauerte diesmal länger, aber schließlich kam ich ein weiteres Mal. Ich fühlte mich so befriedigt, wie seit langer Zeit nicht mehr.

Als sie anschließend in meinem Arm lag, wollte sie wissen, wie lange ich noch Urlaub hatte und wann ich wieder zurück nach Thailand kommen würde. Ich sagte ihr, dass es nicht lange dauern würde und wir uns bald wiedersehen würden. Sie sagte, dass sie auf mich warten würde, egal wie lange es dauert.

Dann machten wir das Licht aus und schliefen eng umschlungen ein.

7

Als ich aufwachte, lag Ao halb auf mir drauf. Friedlich ruhte ihr Kopf auf meiner Brust. Sie wurde kurze Zeit nach mir wach und sah mich aus ihren verschlafenen Augen an. Dann drückte sie ihr Becken seitlich an mich und legte ihre Hand auf meiner Hüfte ab, worauf ich gleich wieder einen Ständer bekam. So haben wir am Morgen fortgesetzt, was wir in der Nacht beendet hatten, und lagen einige Zeit später schwitzend aneinander.

Danach duschten wir abwechselnd. Während Ao im Bad war, legte ich das Taschengeld und eine Tafel Schokolade in ihre Handtasche und checkte Hotels auf Agoda. Eine Vorauswahl hatte ich bereits auf meinem Handy und entschied mich für das P.U. Inn Resort, da sowohl Preisleistung als auch die Lage gut waren.

Als sie aus dem Bad kam, hat sich plötzlich die Stimmung geändert. Ao redete kaum ein Wort, war sehr ernst. Wenn ich sie etwas fragte, antwortete sie mit einer Sachlichkeit und Distanz, dass es mich fast erschrak. Es gab kein Küsschen mehr und auch keine

Umarmung, einfach nur eine gedrückte und ernste Stimmung.

Während wir uns verabschiedeten, war es, als seien wir zwei Fremde. Ein verhaltener Kuss auf die Wange und weg war sie, ohne dass sie einen Blick in ihre Handtasche warf.

Ich saß im Zimmer und nahm die Stille wahr. Das Bett noch durchwühlt, ihr Duft, der mich immer noch umgab. Ich spürte eine Melancholie, wie nach der Trennung von einer langjährigen Beziehung. In mir war eine endlose Trostlosigkeit und am liebsten, wäre ich ihr nachgelaufen. Schließlich gab ich mir einen Ruck, packte meine Sachen und checkte aus.

Mit dem BTS bin ich von Nana zum Victory Monument gefahren, dort fuhren die Minibusse ab. Ich habe erst gar nicht angefangen zu suchen, weil für mich jede Busstation gleich aussah und ich keine Lust hatte, dreimal im Kreis zu laufen. Ich fragte sofort nach und wurde direkt in die richtige Richtung geschickt. Am Schalter habe ich mir ein Ticket gekauft und während ich auf den Bus wartete, blieb ich im Sichtbereich der Ticketverkäuferin stehen.

Das Vorgehen habe ich mir angewöhnt, damit sie mich aufmerksam machen, falls ich mal nicht kapiere, dass mein Bus da ist.

Dann kam er schließlich angefahren und kurze Zeit später, saß ich auf einem Einzelplatz des gut gekühlten Minibusses.

Ich war mir durchaus bewusst, dass Minibusse nicht die ungefährlichste Art waren zu reisen. In diesem Fall habe ich mich aber dafür entschieden, weil es schnell und einfach ging. Außerdem war die Minibusstation in Ayutthaya ganz in der Nähe von meinem Hotel.

Victory Monument

Am frühen Nachmittag betrat ich mein Hotelzimmer, das für den geringen Preis ziemlich gemütlich aussah und sogar einen kleinen Balkon hatte. Allerdings ist Ayutthaya auch nicht Bangkok. Ich packte meine Sachen nicht aus, sondern machte mich nach einer kurzen Dusche auf, um mich in der Umgebung umzusehen.

Ich spazierte ziellos durch die Gegend und kam zu einem Markt, der nur ein paar Hundert Meter vom Hotel entfernt war. Dort aß ich ein paar Fleischspieße und Reis, dazu trank ich Wasser. Ich fühlte mich hier pudelwohl, die Leute waren sehr aufmerksam und zuvorkommend, auf der Straße wurde ich freundlich von den Menschen angelächelt.

Ich suchte mir ein Tuk-Tuk und vereinbarte mit dem Fahrer eine kleine Tour. Er war äußerst nett, hat mir einige Vorschläge zu Sehenswürdigkeiten gemacht und mir die Tour für 200 Baht die Stunde angeboten. Ich nahm dankbar an und es ging los.

Mein Ziel war, die wichtigsten Tempel außerhalb des Flussringes anzusehen. Die Tempel innerhalb des Flussringes wollte ich am nächsten Tag zu Fuß erkunden.

Eigentlich waren die meisten Tempel Ruinen und wurden nicht mehr für Gebete verwendet. Auch wenn oft nur Reste übrig waren, fand ich es trotzdem lohnenswert, mir das alles anzusehen. Ich bekam eine gute Vorstellung davon, was für ein beeindruckendes Reich Ayutthaya gewesen sein musste, bevor die birmanische Armee eingefallen ist und die Stadt praktisch dem Erdboden gleichgemacht hat.

Sehr beeindruckend fand ich den Wat Chai Watthanaram, der zum Unesco Weltkulturerbe gehört. Wie der Buddha vor dem Prang thronte, war ein toller Anblick. Ich habe mir an diesem Tempel viel Zeit gelassen und nahm die Stimmung in mich auf. Ich war ergriffen von dem Spirit, den diese alten Mauern hatten.

Wat Chai Watthanaram

Am meisten begeistert hat mich allerdings der Wat Phanan Choeng, wo Zeremonien stattfanden.

In dem Tempel war ziemlich viel los, er war voll mit Touristen, die in Bussen angekarrt wurden. Als ich den riesigen goldenen Buddha sah, konnte ich es auch verstehen.

Ich mischte mich zwischen die Leute und kaufte mir ein zusammengefaltetes oranges Tuch, dass mir auf einem Tablett gereicht wurde. Wie die anderen legte ich ein paar Scheine dazu und wartete, bis mir die Helfer das Tuch mit den Scheinen abnahmen.

Dann haben sie die Tücher, die riesig waren, verknotet und um den Buddha als Umhang gelegt. Eine mystische Spannung erfasste die Leute, die auch mich ergriff.

Wat Phanan Choeng

Der untere Teil des Umhangs wurde über uns drapiert, sodass wir für einen Moment schützend unter dem Umhang Buddhas saßen. Zum Ende der Zeremonie wurde der Umhang dann mit einem Ruck weggezogen.

Es war inzwischen früher Abend, als ich im Hotel ankam. Ich machte mich auf, um mir die Gegend anzusehen, und spazierte in das Zentrum, wenn es denn so was wie ein Zentrum gab. Dass es ein Nachtleben gab, konnte ich vergessen, aber das wusste ich schon vorher. Es gab bestenfalls ein paar Karaoke-Bars, wo sich Touristen allerdings kaum hin verirrt haben.

Ich machte noch ein paar Einkäufe, bevor ich mich zurück zum Hotel begab. Am Abend setzte ich mich in die Bar »Street Lamp Bar & Restaurant«, nur wenige Meter vom Hotel entfernt. Eine Liveband spielte und machte jede Menge Stimmung. Rocksongs dröhnten durch die Straße. Die Musik passte zu dem rustikalen Ambiente der Bar, das wie ein Western-Saloon anmutete. Ich aß ein leckeres Thaigericht, trank einige Bier und genoss die gute Stimmung.

Was Ladys anging, lief hier gar nichts. Die Angestellten waren zwar ganz nett und eine ließ sich auch auf einen Flirt ein, aber ich war mir der Grenzen bewusst.

Ich überlegte, wie viele Nachrichten ich wohl schon hatte auf Line. Ao dürfte mich wieder zugebombt haben. Ich schaute aufs Handy und ... nichts.

Gar nichts.

Ich prüfte, ob ich überhaupt eine Onlineverbindung hatte, aber es war alles in Ordnung. Ich schickte eine Testnachricht an mich selbst, die nach einigen Sekunden ankam, worauf ich etwas ratlos auf mein Handy starrte.

Heute Morgen war sie irgendwie anders, das hatte ich natürlich gemerkt, aber ich konnte nicht deuten, was es war. Vielleicht hatte sie erwartet, dass ich sie

84

mitnehmen würde. Möglicherweise war sie einfach nur resigniert, weil sie Hoffnung auf etwas hatte, das ich ihr nicht geben konnte. Ich hatte ja auch nicht die geringste Ahnung, was sie bereits für Erfahrungen mit anderen Männern gemacht hatte.

Street Lamp Bar & Restaurant

Ich fragte mich, wo sie wohl sei und was sie gerade machte. War sie in Roi Et oder immer noch in Bangkok? Womöglich in der Go Go-Bar, an der Stange tanzend. In meinem Kopf spielten sich Bilder ab, wie sie dort halb nackt im Spotlight stand und von den Männern gierig beäugt wurde. Vielleicht saß sie auch mit jemanden zusammen, ihre Hand in seiner Hose, die Zunge in seinem Hals. Der Gedanke versetzte mir einen tiefen Stich ins Herz.

85

War das LKS?

LKS ist die Abkürzung für Liebes-Kaspar-Syndrom, wie es spöttisch genannt wird. Viele Leute belächeln es, obwohl die meisten wissen, dass es früher oder später fast jeden trifft.

Über die typische Verliebtheit geht es weit hinaus und kann Männer willenlos machen. Es ist ein unendlicher Drang, mit einer Frau zusammen zu sein … mit einer Thaifrau. Das Herz kann einen überall auf der Welt gebrochen werden, aber LKS ist nicht einfach nur ein gebrochenes Herz. Es ist das volle Brett, was sich anfühlt, als wird einen die Haut vom Körper gezogen.

Ganz soweit war ich noch nicht, aber ich war offensichtlich auf einen guten Weg.

Doch warum bereitet das LKS-Syndrom den Männern so unendliche Qualen, dass sie keinen klaren Gedanken mehr fassen können und bereit sind, alles für ihre Thaischönheit zu tun?

Normalerweise läuft es so, dass man eine Frau trifft, sie näher kennenlernt und Gefühle entwickelt. Es entsteht eine Vertrautheit, man verliebt sich und es fühlt sich gut an. Dann beschließt man zusammenzubleiben und eine Beziehung zu führen, was in der Regel eine rationale Grundlage hat. Es ist kein kopfloses Verliebtsein, was einem den Verstand raubt, es ist eher eine Mischung aus Herzklopfen und Geilheit. Geht diese Beziehung in die Brüche, fühlt man sich schlecht. Einen großen Anteil hat dabei das Ego, bzw. die gekränkte Eitelkeit, was sich daran erkennen lässt, dass man die Vorstellung schwer ertragen kann, dass sie mit einem anderen gerade im Bett sein könnte.

In Thailand kommt zu diesem Liebeskummer allerdings noch ein schwerwiegendes Kriterium hinzu. Die meisten Männer, die nach Thailand fahren und single sind, haben gescheiterte Beziehungen hinter sich oder sind geschieden; manche haben auch noch nie eine richtige Beziehung gehabt. Einige haben das Thema Frauen längst abgehakt und sich arrangiert. Wenn nun so ein Mann – wie ich auch einer bin – nach Thailand fährt und eine wunderhübsche Thaimaus kennenlernt, die ihm alle Wünsche von den Augen abliest, im Bett alle vergessenen Träume erfüllt und ihm ein emotionales Feuerwerk um die Ohren haut … dann passiert etwas…

Was dann passiert ist viel mehr als Verliebtheit, es kommt aus den tiefsten Tiefen des Unterbewusstseins. Es ist etwas, was schon immer da war, nur wurde es irgendwann vergraben, verdrängt oder vergessen.

Wenn diese Dinge in einem hochkommen, potenzieren sie die Verliebtheit ins Unermessliche.

Ich würde behaupten, dass die meisten Menschen in unserer Gesellschaft, dies nicht kennen oder auch nur ansatzweise nachvollziehen können, von Psychologen abgesehen.

Diese Gefühle, die dann entstehen, machen aus dem rationalsten Mann ein emotionales Nervenbündel. Man kann nicht mehr denken, nicht mehr schlafen und manche sind nicht mal mehr in der Lage soziale Kontakte einzugehen, wenn sie wieder zu Hause sind.

Nicht wenige Männer haben Haus und Hof verloren, weil sie alles was sie hatten, verkauft und das Geld nach Thailand geschickt haben.

Auch wenn der Begriff LKS meistens mit einem Augenzwinkern verwendet wird, macht es Sinn, es wie eine Krankheit zu betrachten.

Wie schützt man sich vor LKS?

Ganz einfach … gar nicht.

Wenn man glaubt, dagegen gefeit oder klüger zu sein, hat man schon verloren. Dann geht man als emotionaler Eisklotz durch die Gegend und hat damit entsprechend wenig Spaß oder es erwischt einen genau dann, wenn man nicht damit rechnet.

Das beste Mittel gegen LKS ist die Erkenntnis. Die Erkenntnis darüber, dass es in Thailand jeden erwischen kann und früher oder später auch erwischen wird. Das mindert zwar nicht den Schmerz, aber der Verstand arbeitet weiter. Das ist der Grund, warum ich immer wieder in mich hinein horche und mir eingestehe, dass da was auf mich zukommen könnte.

Viele Männer versuchen sich zu schützen, indem sie vermeiden, länger als drei Tage mit einer Frau zusammen zu sein. Ich habe diese Regel auch im Hinterkopf, aber auch schon oft gebrochen.

Natürlich führt nicht jede Beziehung mit einer Thaifrau ins Verderben. Es gibt viele Beispiele, wo Männer mit Thailänderinnen glücklich verheiratet sind. Aber dann muss man sich darüber klar sein, dass es sehr kostspielig werden kann; je nach Herkunft, Familiensituation und Anspruch.

Ebenso muss man kulturell aufgeschlossen sein. Wer die Kultur und die Eigenheiten der Thais nicht annehmen kann, wird es schwer haben.

Wo die Reise am Ende hinführt, muss jeder für sich selbst entscheiden.

Die Musik war aus, die Bar hatte sich geleert. Lebhafte Unterhaltungen hallten von den Angestellten durch den Raum, während sie die Tische abräumten.

Ich warf noch einen Blick auf mein Handy, immer noch keine Nachrichten.

Ich sah in Badoo und Tinder nach. Das Angebot an Girls in der Umgebung, war ungleich geringer als in Bangkok, aber es gab welche. Es waren richtig hübsche Mädels dabei, also vergab ich in weiser Voraussicht ein paar Likes, bezahlte meine Rechnung und ging früh ins Bett.

8

An diesem Tag war Tempelerkundung angesagt - was auch sonst in Ayutthaya. Erst einmal ließ ich es, bei einem einfachen aber guten Frühstück im Hotel, ruhig angehen.

Ich konnte es mir nicht verkneifen, einen Blick auf das Handy zu werfen, aber auch an diesem Tag waren keine Nachrichten drauf. Nun habe ich Ao einen winkenden Sticker geschickt, gefragt ob alles ok ist und wie es ihr geht. Danach noch ein paar Likes auf Badoo und Tinder, dann war ich bereit für die Tempeltour.

Für die ersten Tempel habe ich mir, aufgrund der Entfernungen, wieder ein Tuk-Tuk genommen. Ich hatte einen Fahrer auf der Straße angesprochen, erklärte ihm, was ich bereits gesehen hatte und was ich noch sehen wollte. Er war äußerst freundlich und machte das gleiche Angebot wie sein Kollege am Vortag, was anscheinend der Standardpreis war.

Den Anfang machte ich mit dem Wat Phu Khao Thong, einer Mischung aus birmanischem und thailändischem Baustil. Schon von Weitem sah man den Tempel imposant aus der Landschaft herausragen.

Ich stieg die Treppen hinauf, was bei der Hitze ziemlich schweißtreibend war. Oben angekommen wurde ich mit einer tollen Aussicht belohnt.

Wat Phu Khao Thong

Weiter ging es zum Wat Yai Chaimongkol, wo eine Menge los war. Offensichtlich war das einer der beliebtesten Tempel. Es waren jede Menge Touristengruppen da, die mit Bussen ankamen. Hier gab es allerdings auch einiges zu besichtigen. Sitzende Buddhas in langen Reihen, ein großer liegender Buddha und ein beeindruckender Chedi.

Auch in diesem Tempel konnte man heraufgehen, allerdings war die Aussicht nicht mit Wat Phu Khao Thong vergleichbar.

Als ich zum Tuk-Tuk zurückging, musste ich feststellen, dass inzwischen der ganze Parkplatz voll von Tuk-Tuks war. Blöderweise habe vergessen, wie die Karre aussah, und an den Fahrer konnte ich mich auch nicht mehr so richtig erinnern. In der Regel achten die Fahrer auf einen, aber ich erinnerte mich, dass er woanders auf mich warten wollte, nur wo? Reichlich genervt habe ich gut 20 Minuten rumgesucht, bis ich ihn irgendwann winken sah. Er hatte nicht so früh mit mir gerechnet und war was essen gegangen. Normalerweise mache ich bei jeder Tour ein Foto von dem Fahrzeug und dem Nummernschild, diesmal hatte ich es vergessen.

Wat Yai Chaimongkol

Wir sind noch zu ein paar Tempeln gefahren, die außerhalb lagen, aber da war nichts dabei, was mich umgehauen hat. Also ließ ich mich in der Nähe des Wat Lokayasutharam absetzen, um den Rest zu Fuß zu erkunden.

Bei diesem Tempel gab es eigentlich nichts anderes außer einen riesigen liegenden Buddha.

Als ich mir den Buddha aus der Nähe ansehen wollte, hielt mich eine ältere Dame auf. Sie wollte, dass ich ein Ritual mache. Sie gab mir, gegen ein paar Baht, eine Kerze zum Anzünden, Blumen und eine Medaille. Wir gingen zusammen zu dem Buddha und sie wies mich an mich zu verbeugen, dann die Blumen hinzulegen und die Kerze anzuzünden. Die Medaille, mit einem Abbild von Buddha, durfte ich behalten. Auch wenn das Ding aus der Massenpresse war, hatte ich sie eingesteckt und als Talisman behalten. Ich bedankte mich freundlich bei der Dame und sah mich noch eine Weile um.

Man sieht so was oft bei alten Tempeln in Thailand, aber auch in Kambodscha oder Laos, dass sich ältere Leute dort aufhalten. Meistens haben sie die Glücksbändchen, die sie einen auf rituelle Weise umbinden. Ich mache das fast immer mit, weil ich es für eine gute Sache halte. Die alten Leute sind nicht so gut abgesichert, wie hier in Deutschland. Die Rente ist lächerlich und man kann dort nicht von leben, wenn man nichts angespart hat ... und wer hat das schon. In der Regel kümmert sich die Familie um die Alten, aber leider haben nicht alle eine Familie und die sind dann auf sich alleine gestellt. Zum Betteln sind sie zu stolz, also

93

gehen manche diesen Weg, sitzen in den Tempelanlagen und machen die Rituale mit den Besuchern.

Wat Lokayasutharam

Ich lief kreuz und quer im Innenring des Flusses. Ich hätte mir ein Fahrrad leihen können, was wesentlich effizienter gewesen wäre; aber ich war ausgesprochen laufgeil, daher hat mir das Wandern nichts ausgemacht. Es gab eine Menge Tempel zu erkunden, ich sah mir alles an, war aber inzwischen völlig überladen mit den ganzen Eindrücken und Informationen. Mir fiel es schwer, alles nachzuvollziehen. Teilweise wusste ich gar nicht mehr, woher ich kam und in welche Richtung ich eigentlich wollte. Manches Mal, stand ich vor einem Tempel und fragte mich, ob ich nicht vorhin schon da war.

94

Anders war es beim Wat Thammikarat, der den Gläubigen heute noch für Gebete und Zeremonien dient.

Wat Thammikarat

Mit ein wenig Spannung kam ich zu dem bekanntesten Tempel in Ayutthaya, den Wat Mahathat, wo sich der berühmte Buddhakopf in einem Feigenbaum befand. Als ich die Tempelanlage betrat, musste ich nicht lange suchen, sondern ging dahin, wo sich die meisten Leute tummelten.

Den Erzählungen nach, haben Buddhisten den Kopf vergraben, um ihn zu schützen, als die birmanische Armee über die Stadt herfiel. Die Wurzeln des Feigenbaumes haben dann mit den Jahren, den Kopf wieder ans Tageslicht befördert, wo er heute zu bestaunen ist.

Wat Mahathat

Als Nächstes ging ich wieder zum Markt, holte mir an einem Stand Obst und setzte mich an einen Tisch. Etwas unbequem, aber die Atmosphäre war es Wert. Die Leute freundlich und entspannt, immer mit einem Lächeln. Der Duft der Gewürze, die ich nicht kannte, kitzelte in meiner Nase. Das Stimmengewirr einer Sprache, die ich zwar ein bisschen konnte, wo ich letztendlich aber kaum was verstand.

Ich sah auf mein Handy, wo immer noch keine Nachricht da war, was mich aber nicht mehr störte. Es war nun Zeit, mich damit abzufinden, dass Ao eine schöne Erinnerung blieb. Ich war mir darüber klar, dass es das Beste war, was mir passieren konnte. Ein sauberer Abgang mit einer schönen Erinnerung im Gepäck, erspart viel Kummer.

Dann sah ich eine Nachricht auf WeChat. Diese App hatte ich gar nicht mehr auf dem Schirm. Eine Lady aus der näheren Umgebung hat mir einen Gruß geschickt und wollte mich auch gleich als Freund hinzufügen. Ich akzeptierte, grüßte zurück und sah mir die Bilder an, die von ihr hinterlegt waren. Sie hatte ein paar Selfies gemacht, auf denen sie recht hübsch war. Das Alter schätzte ich auf Mitte 30, ein paar Röllchen waren da, aber insgesamt schlank. Das Gesicht wirkte freundlich, sie lächelte dezent, hatte warme Augen. Wenig überrascht stellte ich fest, dass sie eine Masseuse war. In Bangkok hätte ich darauf nicht reagiert, aber hier war außer Sightseeing sowieso nicht viel los, also war es Zeit für eine entspannende Massage.

Sie reagierte schnell, stellt mir ein paar Fragen, wie lange ich bliebe, wie alt ich war und ob ich Massagen mochte. Dann habe ich ihr einige Fragen gestellt und wollte wissen, welche Art von Massage sie anbietet.

Sie meinte, dass es auf mich ankäme, was meiner Fantasie einigen Spielraum ließ. Ich wollte wissen, ob sie nicht Lust hatte, zu mir ins Hotel zu kommen, eine Massage könnte ich gebrauchen. Sie reagierte erst mal nicht darauf und wollte dann ein aktuelles Bild von mir haben. Ich schickte ihr umgehend eins und wenige Augenblicke später, waren wir für 19 Uhr in meinem Hotel verabredet. Als ich ihr den Hotelnamen gab, war eine weitere Beschreibung nicht nötig. Sie schickte einen Sticker mit erhobenem Daumen und schrieb, dass wir uns nachher sehen.

Ich musste erst mal zu mir kommen und realisieren, was ich da schon wieder angestellt hatte. Eigentlich wollte ich doch nur eine Kleinigkeit essen und jetzt war ich auf eine Massage verabredet, wo ich noch gar nicht genau geklärt hatte, was für eine Massage und vor allem, was sie kosten sollte.

Nun war ich richtig aufgeregt, überlegte, ob ich das Zimmer aufräumen musste oder ob es was gab, was ich besser verstecken sollte. Dann fiel mir ein, dass ich bei dem Hotel gar nicht sicher bezüglich JoinerFee war. Auf der anderen Seite sollte sie ja nicht bei mir übernachten, sondern mir eine Massage verpassen … und vielleicht noch einen runterholen.

Schnellen Schrittes ging ich ins Hotel und checkte erst einmal das Zimmer. Nichts Peinliches lag rum, dreckige Wäsche war im Koffer. Ansonsten hat die Putzfee alles picobello hergerichtet. Ich duschte, rasierte mich und suchte entspannende Musik auf meinem Tablet raus. Dann vertrieb ich mir die Zeit mit dem Betrachten ihrer Bilder.

Kurz nach 19 Uhr klopfte es an meiner Tür, ich öffnete und da stand sie. Ich musste ziemlich weit herunterschauen, vermutlich war sie keine 1,50 m groß. Leicht unsicher, fast schüchtern, sah sie mich an. Ich lächelte, ließ sie herein und bot ihr etwas zu trinken an. Wir tranken Wasser und unterhielten uns. Sie wollte wissen, wie ich meinen Urlaub verbrachte, was ich schon gesehen hatte und mir noch ansehen wollte. Sie erzählte von sich, ohne allzu viel Persönliches preiszugeben. Dann kamen wir zum Geschäftlichen. Für eine Ölmassage wollte sie 300 Baht haben, was ich ok fand. Sie holte aus ihrer Tasche ein paar Utensilien, während ich mich komplett auszog und auf das Bett legte.

Auf dem Bauch liegend hörte ich, wie sie die Flasche des Öls öffnete, kurz danach strichen ihre Hände über meinen Rücken. Sofort merkte ich, die hat was drauf. Gekonnt ertastete sie alle Verspannungen in meinem Körper und massierte sie geschickt raus, ohne dass ich große Schmerzen spürte. Vom Rücken ging es hoch zu den Schultern und von dort zu den Armen. Dann massierte sie meine Füße und Waden, von wo aus sich ihre Hände an meinen Beinen nach oben arbeiteten.

Als sie an den Innenseiten meiner Oberschenkel hoch glitt, spürte ich, wie sich was regte. Fast versehentlich berührte sie für einen kurzen Moment die Schwellung, die sich zwischen meinen Beinen gebildet hatte, was zu einer leichten Platznot unter mir führte.

Nun war es Zeit zum Umdrehen. Ich tat es und lag da mit einem Vollmast. Etwas peinlich berührt, obwohl das eigentlich nichts Ungewöhnliches war. Mit einem dezenten und wissenden Lächeln übersah sie meine Erregung und tat, als wenn nichts wäre. Nun massierte sie meinen Oberkörper, machte weiter an meinem Bauch und berührte fast versehentlich meinen Mast, der nun gar nicht mehr daran dachte sich zu entspannen.

Ihre Hände glitten jetzt drum herum, bis sie erbarmen hatte und ihn in ihre Hand nahm. Nun war Preisverhandlung angesagt, mit mir in einer denkbar schlechten Position. Es wäre klüger gewesen, vorher drüber zu sprechen, aber ich fand die Ungewissheit aufregend. Aber auch hier war wieder eine ehrliche Haut unterwegs, die mir für 500 Baht Aufpreis, einen Handjob anbot.

Sie legte ein paar Tücher bereit, nahm eine große Menge Öl und massierte mit ihren Fingerspitzen mein bestes Stück. Das glitschige Gefühl vom Öl machte mich unendlich heiß. Dann umschloss sie mit ihrer Hand meinen Schwanz und holte mir im mäßigen Tempo einen runter. Sie ließ sich viel Zeit, mit dem Selbstvertrauen, mich ohnehin ins Ziel zu bringen. Mit der anderen Hand streichelte sie meine Eier und drückte sanft auf meinen Schaft.

Es kribbelte immer mehr und ich spürte, dass es bald soweit sein würde. Zufrieden, mit einem stummen Lächeln, machte sie ohne Eile weiter. Sie variierte

100

ihre Bewegungen, wurde auch mal langsamer und streichelte nur etwas, um mich anschließend mit schnelleren Handbewegungen zum Wahnsinn zu treiben. Ich hielt es kaum noch aus und griff an ihre Brüste. Sie hob ihr T-Shirt hoch und ließ mich ihre Brüste kneten.

Schließlich kam es in heftigen Schüben aus mir raus geschossen. Mir wurde schwindelig vor Erregung, ich empfand es intensiver als beim Sex. Nachdem ich meinen Bauch vollgesuppt hatte, verlangsamte sie ihre Bewegungen, drückte etwas, um auch alles heraus zu holen. Sie schien ihren Spaß an der Sache gehabt zu haben, noch immer lächelte sie ihr leises Lächeln und schien zufrieden.

Ohne Hast machte sie mich sauber und reichte mir anschließend ein Wasser, bevor sie im Bad verschwand.

Eine halbe Stunde später saß ich immer noch grinsend da, glücklich über dieses kleine Massageabenteuer, was sich mehr als gelohnt hatte.

Dann bin ich in dasselbe Restaurant gegangen, wie am Vorabend und habe meine Weiterreise nach Kanchanaburi geplant.

9

Nach dem Frühstück habe ich ausgecheckt und bin zur Minibusstation gegangen, die nur ein paar Minuten zu Fuß entfernt war. Eine Direktfahrt nach Kanchanaburi gab es nicht, ich musste in Suphanburi umsteigen.

Es dauerte nicht lange und der Bus war voll besetzt und machte sich auf den Weg. Ich war dankbar, wieder einen vernünftigen Fahrer erwischt zu haben. Leider ist Thailand ein sehr gefährliches Land, was den Straßenverkehr angeht, mit einer der höchsten Todesraten weltweit. Das hat unterschiedliche Ursachen, von Leichtsinn, über Alkohol, bis Fahren ohne Führerschein. Bei den Minibussen trifft Leichtsinn am ehesten zu, einige fahren wie die Geisteskranken. Dadurch kommt es immer wieder zu schweren Unfällen, was dieses Verkehrsmittel zu den Riskanteren macht. Umso dankbarer war ich über die behutsame Fahrweise dieses Fahrers.

Mitten auf der Landstraße ist der Bus plötzlich rechts rangefahren und der Fahrer diskutierte mit dem Beifahrer. Ich konnte sehen, dass im Fahrercockpit eine Warnlampe aufleuchtete.

Dann hieß es aussteigen. Wir folgten den Weisungen, standen am Straßenrand und sahen zu, wie der Fahrer ratlos unter die Motorhaube schaute.

Ich fragte mich, warum er nicht zu seinem Handy griff und einen Ersatzbus organisierte. Irgendwie war er fest davon überzeugt, dass es noch klappt.

Nach einer halben Stunde konnten wir wieder einsteigen. Als er den Wagen angelassen hat, war die Warnmeldung immer noch da. Er fuhr trotzdem weiter, allerdings mit stark reduzierter Geschwindigkeit. Alle Verbraucher wurden nun ausgeschaltet. Vom Autoradio, über die Lüftung bis zur … Klimaanlage. Um nicht an Hitzeschlag zu sterben, wurden 4 Seitenfenster aufgemacht, die so effizient waren, wie Don Quichotte gegen die Windmühlen. Allerdings hatte ich Glück und saß an einem der offenen Fenster.

Irgendwann kamen wir dann am Busbahnhof in Suphanburi an. Ich musste mich um nichts kümmern. Es kam sofort jemand auf mich zu und fragte, wo ich hinwollte. Ich sagte es ihm und er bugsierte mich zu einem anderen Mitarbeiter, der nahm mich mit und schubste mich in die Richtung eines weiteren Kollegen, der wiederum platzierte mich in einem lokalen Bus. Ich setzte mich in die letzte Reihe, weil direkt davor das Gepäck gestapelt wurde und ich auf diese Weise meinen Koffer im Blick hatte.

Leider gab es keine Klimaanlage, stattdessen kämpften Ventilatoren an der Decke einen hoffnungslosen Kampf gegen die Hitze. Als der Bus dann losfuhr, kam aber etwas Fahrtwind in den Bus. Alle

Seitenfenster wurden geöffnet und mit den Ventilatoren zusammen, war es erträglich, bis auf die Momente, wo der Bus stand.

Lokaler Bus

In Kanchanaburi bin ich mit dem Tuk-Tuk zum Good Times Resort gefahren, ein Hotel direkt am Fluss. Es war zwar eine ganz schöne Ecke von der berühmten Brücke am Kwai entfernt, dafür waren ein paar Bars ganz in der Nähe.

Der Check Inn ging schnell und reibungslos. Ich buchte noch eine Tour für den nächsten Tag direkt an der Rezeption. Nun hatte ich genug Zeit für einen Spaziergang zur berühmten Brücke.

Ich folgte der Straße, die parallel zum Fluss verlief und zur Brücke führte. An der Brücke waren dann, wie ich bereits erwartet hatte, jede Menge Touristen.

104

Diese Sehenswürdigkeit war die Hauptattraktion in Kanchanaburi, dementsprechend war auch was los.

Als ich gerade rübergehen wollte, staunte ich nicht schlecht, als ich eine Bahn ankommen sah. Diese Brücke wurde tatsächlich noch befahren. Es war alles voller Menschen und der Zug näherte sich mit Schrittgeschwindigkeit. Es bestand aber keine große Gefahr, da es an den Seiten genug Ausweichmöglichkeiten für die Leute gab. Allerdings war es ein merkwürdiger Anblick, wie ich ihn mir in Deutschland nicht hätte vorstellen können.

Brücke am Kwai

Als der Zug durchgefahren war, ging ich rüber und sah mir den Tempel auf der anderen Seite an. Zu meiner Überraschung war da überhaupt nichts los. Nicht

105

einmal eine Handvoll Touristen waren dort. Es war ein chinesischer Tempel und verglichen mit dem Trubel auf der anderen Seite des Flusses, eine Oase der Ruhe. Langsam wurde es dunkel und ich schlenderte zurück, über die sich inzwischen geleerte Brücke, zum Hotel.

Chinesischer Tempel – Brücke am Kwai

Am Abend ging ich in einen Club, ganz in der Nähe des Hotels, den ich durch Zufall entdeckt hatte. Es war eine Bar und ein Restaurant, wo Livemusik gespielt wurde. Der Name war โกดังเสือดี und wurde Goa Dang Süa Dii ausgesprochen, was so viel heißt wie Haus des guten Tigers.

Der Club war eine Art Loft, in dem große Holztische aneinandergereiht standen. Vorne war eine Bühne, an der Rückwand die Bar. Über eine Treppe

106

kam man auf eine Empore, wo man Billard spielen konnte.

Als ich den Laden betrat, durchfuhren mich die Bässe des Rocksongs, den die Band gerade spielte. Es war ziemlich voll, aber ich hatte Glück und fand einen Platz in der Nähe der Bar. An einem Tisch neben mir saß eine Gruppe junger Männer, die Party machten. Überhaupt waren hier alle in Partylaune, der Alkohol floss, die Stimmung war ausgelassen. Verwundert stellte ich fest, dass ich der einzige Tourist in dem Laden war. Ich bestellte mir was zu essen und dazu ein Bier und genoss die Band, die eine super Vorstellung ablieferte.

Die partymachenden Männer prosteten mir freundlich zu, tranken und lachten ausgelassen. Hin und wieder ist ein freundliches Wort gefallen und als ich ein paar Worte Thai gesprochen hatte, war ich ihr Kumpel. Wie viele Thais, waren auch sie sehr neugierig, wollten wissen, woher ich kam und wie oft ich in Thailand Urlaub machte. Es war ganz nett, aber auch anstrengend, gegen die laute Musik anzureden.

Sie erzählten mir von dem Namenswirrwarr bei der Brücke am Kwai.

Durch den Film »Die Brücke am Kwai«, wurde angenommen, dass der Kwai-Fluss dort floss. Allerdings ist die Übersetzung Kwai gleich Fluss, der Kwai-Fluss selber war woanders. Pragmatisch wie die Thais sind, haben sie dann einfach den Fluss in Kwai-Fluss umbenannt und das Problem war gelöst.

Ein weiteres Missverständnis, gab es mit dem Wort Büffel, was in der phonetischen Sprache ebenfalls Kwai geschrieben wird. Allerdings ist es ein anderes Kwai, welches auch ganz anders ausgesprochen wird. Das kann aber niemand wissen, der das Thai-Alphabet nicht beherrscht. So kam es, dass die Touristen gefragt haben, wo die Büffel seien, weil sie dachten, die Brücke wurde nach Büffeln benannt.

Bar & Restaurant

Die Geschichte amüsierte mich, machte mir aber auch deutlich, wie schnell Verwechslungen entstehen können, wenn man Thai lernt, ohne sich mit der Schrift und der Aussprache zu beschäftigen.

Ich erinnerte mich, dass ich selber mal einen Patzer hatte, wo ich einer Lady sagen wollte, dass ich sie hübsch fand. Das Wort Süai steht für hübsch und falsch ausgesprochen bedeutet es, dass jemand Schlechtes bringt.

Der Abend näherte sich dem Höhepunkt und der Alkohol zeigte seine Wirkung. Die Jungs waren völlig besoffen, was für mich das Zeichen zum Aufbruch war.

Thais sind liebe und nette Menschen, aber wenn sie betrunken sind, sollte man sehen, dass man wegkommt. Leider stimmt das Klischee, dass viele Asiaten keinen Alkohol vertragen. Irgendwie können ihre Körper den Alkohol nicht so gut abbauen, wodurch der Rausch bei ihnen wesentlich härter ausfällt als bei Menschen in unseren Breitengraden. Es kommt dadurch leider häufig vor, dass die Thais im Rausch durchdrehen und Dinge tun, die sie nüchtern nie machen würden. Viele Unglücke passieren in Thailand im Vollrausch, man braucht nur auf die Unfallstatistiken schauen. Es kann auch schnell zu Schlägereien kommen. Besonders brisant ist es, wenn ein Scherz falsch verstanden wird und das Thema Gesichtsverlust mit ins Spiel kommt. Gesichtsverlust und Alkohol sind eine hochgefährliche Mischung und können übel enden. Solche Situationen kündigen sich oft gar nicht an. Die Stimmung kann von einer Sekunde auf die Nächste umschlagen, obwohl man sich kurz davor noch prima verstanden hat.

Ich sagte den Jungs, dass ich genug getrunken hatte und am nächsten Tag früh aufstehen wollte. Nach einer herzlichen und freundschaftlichen Verabschiedung ging ich zurück ins Hotel.

Als ich auf dem Zimmer war, hatte ich eine Nachricht von Ao. Sie schrieb »Hi«, als Antwort auf meine Nachricht. Nach einem Begeisterungssturm sah das nicht aus, auf der anderen Seite, hat sie mich aber auch nicht ignoriert. Ich überlegte, was mit ihr los war und was ich falsch gemacht habe. Ich hätte sie einfach fragen können, wusste aber, dass sie mir darauf nicht antworten würde. Thaifrauen sprechen nicht über Probleme, sie schweigen und sitzen es aus.

Ich beschloss, ihr nicht zurückzuschreiben, und legte mich grübelnd ins Bett.

10

Die Tagestour führte als Erstes zum Erawan Wasserfall. Als wir dort ankamen, war ich froh, robuste Sportschuhe angezogen zu haben. Der Wasserfall erstreckte sich über sieben Stufen, die man teilweise über schwer zu überwindende Felsbrocken raufklettern musste. Die ersten Stufen waren kein Problem, aber je höher man kam, umso schwieriger wurde es. Sportliche Höchstleistungen wurden zwar nicht abverlangt, aber die Felsen waren teilweise ziemlich glitschig. Dort auszurutschen wäre garantiert nicht angenehm. Es war zwar nicht besonders hoch, aber dort waren harte und kantige Steine, wo schnell ein paar Knochen gebrochen wären. Durch die Sportschuhe konnte ich die Felsen aber leicht überwinden.

Das Raufkraxeln hatte sich auf jeden Fall gelohnt. Ich kam mir vor, wie im Paradies. Es war eine türkisfarbene Oase inmitten eines Dschungels. Auf manchen Ebenen haben Leute gebadet, wozu der Wasserfall wunderbar geeignet war. Auf der obersten Ebene war am meisten los. Wer es bis dahin geschafft hatte, der wollte auch so schnell nicht mehr weg.

Erawan Wasserfall

Danach ging es zur Wooden Bridge, die mich äußerst beeindruckt hat. Eine Holzbrücke inmitten der Idylle. Eigentlich könnte man begeistert sein, von diesem schönen Ort und der tollen Aussicht in Thailands wundervolle Natur. Allerdings war die Stimmung dort auch bedrückend, denn hinter dem Bau dieser Brücke steckt eine traurige Geschichte.

Man spricht in dem Zusammenhang von Todeseisenbahn bzw. Todesstrecke, was nicht übertrieben ist. Die Japaner bauten die Eisenbahnstrecke während des Zweiten Weltkrieges, um eine Verbindung nach Myanmar zu schaffen. Gebaut wurde die Strecke überwiegend von Kriegsgefangenen, aber auch von Thailändern, die zur Zwangsarbeit verdonnert wurden. Die Kriegsgegner sollten nicht mitbekommen, dass die Strecke gebaut wurde, daher musste alles heimlich passieren. Es stand daher kein schweres Gerät zur Verfügung, wie sonst üblich, sondern alles wurde von Hand gebaut. Wenn man die Holzbrücke sieht, kann man kaum glauben, wie das von Hand gehen konnte, aber es ging ... zu einem hohen Preis.

20 Stunden mussten die Leute am Tag arbeiten, ohne richtiges Essen und Trinken. Wenn jemand krank wurde, war das sein Todesurteil, wenn jemand unter der Last zusammengebrochen ist, ebenso.

Wooden Bridge

Später ging es noch weiter mit der Bahn, die noch offiziell dort fährt. Um ein wenig Thai-Feeling zu bekommen, hatten wir uns in die dritte Klasse gesetzt. Die Einheimischen waren natürlich nicht so blöd und saßen in der zweiten Klasse.

Zum Abschluss ging es noch einmal zur Brücke am Kwai, wo ich schon am Vortag war. Ich verabschiedete mich freundlich, gab der netten Reiseleiterin ein gutes Trinkgeld und stattete noch dem Museum ein Besuch ab. Hier wurde praktisch alles aufgearbeitet, was mit dem Bau der Eisenbahnstrecke in Verbindung stand. Jede Menge Schicksale, viele Zahlen, die ich mir am Ende nicht merken konnte, aber schockierend im Detail.

Von der Terrasse des Museums habe ich noch ein Foto geschossen und mich dann auf den Weg zurückgemacht.

Brück am Kwai vom Museum aus

Ein Thairestaurant lag auf dem Weg, wo ich mich gestärkt habe, bevor ich mir am Abend eine nette Bar suchen wollte. Heute hatte ich Lust auf eine Girl-Bar.

Ich ging wieder auf die Hauptstraße, die parallel zum Fluss verlief, nun aber in die andere Richtung. Es hat nicht lange gedauert und ich konnte die Lichter von einzelnen Bars und Restaurants sehen. Es waren nicht besonders viele Läden hier, aber für einen netten Abend, war es ok.

Von einer Bar riefen mir ein paar Girls zu und winkten. Das rustikale und bunt beleuchtete Ambiente machte einen sympathischen Eindruck, die Mädels waren hübsch, also bin ich rein.

Ich wurde sofort von einem süßen Girl in Beschlag genommen, die sich bei mir unterhakte und mich zu einem Tisch führte. Sie war ausgesprochen fröhlich und hatte reihenweise lustige Sprüche auf Lager. Als wir saßen, habe ich für uns beide was zu trinken bestellt, was mir schon einmal ein paar Pluspunkte bei dem Ladyboy hinter der Bar einbrachte. Wir machten es uns gemütlich und während sie sich vorstellte, legte sie ihre Hand auf meine Eier. Das Mädel war verdammt frech, plauderte ganz offen über Größe und Härte und rieb dabei ihre Hand zwischen meinen Beinen. Als unsere Getränke kamen, stießen wir an und es gab Küsschen.

Sie hieß Pim, war 26 Jahre alt und lebte in der Gegend. Ein kurzes schwarzes Kleid schmückte ihren schlanken Körper. Das Kleid hatte vorne einen Reißverschluss, den ich, beim Anblick ihres Dekolletés, am liebsten sofort aufgemacht hätte. Ihre Brustansätze waren gut zu erkennen und weckten meine Fantasie.

Es dauerte nicht lange und hinter uns tauchte ein weiteres weibliches Wesen auf. Nut hieß das Mädel, das sich von der anderen Seite an mich heranpirschte. Sie sah Pims Hand zwischen meinen Beinen und legte ihre dazu. Pim wiederum schrie entsetzt auf und fragte, wie sie nur einfach ihre Hand auf meine Eier legen konnte, die gehörten schließlich ihr. Nut entgegnete, dass es ihr gutes Recht sei, auch etwas davon abzubekommen. So steigerte sich das Ganze zu einem künstlichen Streit, der von jeder Menge Gegacker begleitet wurde. Einige Pauschaltouristen, die ebenfalls in der Bar saßen, schauten peinlich berührt weg.

Ich beruhigte die beiden Streithähne nun, indem ich eine Runde für uns orderte, was gut klappte. Nun fummelten sie gemeinsam zwischen meinen Beinen rum, rieben und tasteten, diskutierten über Größe und Standfähigkeit.

Irgendwann rief ich dazwischen: »Hey Mädels, ich höre euch.«

Sie lachten und machten sich überhaupt nichts draus. Die wollten ihren Spaß haben und machten ihr Ding, für mich genau das Richtige an diesem Abend.

Die ganze Zeit stand ich im Mittelpunkt des Geschehens, Küsschen zur einen Seite, Küsschen zur anderen Seite, Gefummel, Lachen und jede Menge Spaß.

Irgendwann fingen sie an zu diskutieren, welche von den beiden mich wohl ins Hotel begleiten dürfte, worauf wieder ein künstlicher Streit entbrannt ist. Für mich war klar, dass es Pim sein würde, die war einfach zuckersüß. Jetzt musste ich allerdings noch meine Entscheidung mitteilen, und zwar, ohne dass Nut dabei blöd dastand. Das war in diesem Fall zum Glück leicht. Ich sagte, wer zuerst kommt, malt zuerst, das war akzeptiert. Pim freute sich über meine Entscheidung und bedankte sich mit einer Extrareibung auf meiner Delle und einen dicken Schmatzer. Ich fragte nach den Konditionen und sie eröffnete mir 1000 Baht für Shorttime. Ich war baff von dem Preis, den ich fast schon unangenehm niedrig fand, für so ein Girl.

Der Ladyboy brachte die Rechnung, wo auch die Barfine von 300 Baht aufgeführt war, die ich für Pims Arbeitsausfall zu zahlen hatte. Nun musste Nut alleine die Gäste bespaßen und für Getränkeumsatz sorgen.

Wir fuhren mit ihrem Moped zu meinem Hotel, was ich bei der kurzen Distanz nicht wirklich verstehen konnte. Aber bei den Thaimäusen ist alles über 200 m ein Marathon.

Im Zimmer duschten wir zusammen, wo sie mich hingebungsvoll eingeseift hat. Endlich konnte ich sie auch so sehen, wie ich sie mir die ganze Zeit vorgestellt hatte und wurde nicht enttäuscht. Ich nahm auch etwas Duschgel und seifte ihren Körper ein.

117

Zwischendurch küssten wir uns, was mich wahnsinnig werden ließ.

Bar in Kanchanaburi

Wir wechselten in das Bett und schmusten. Sie war nicht schüchtern, hatte kein Handtuch umgebunden oder die Decke über sich gelegt. Wir streichelten ohne Eile unsere Körper. Dann ergriff sie die Initiative und küsste meinen Oberkörper. Sie arbeitete sich nach unten vor und verwöhnte mich ausgiebig mit ihrem Mund. Ich sah zu ihr runter und genoss das Gefühl, das sie mit ihren Lippen und ihrer Zunge bei mir hervorrief.

Dann robbte sie sich küssend wieder an mir hoch und zog mir ein Gummi über, das auf dem Nachttisch bereitlag. Sie setzte sich auf mich und fing an zu reiten. Erst variierte sie die Geschwindigkeit, bis sie das

118

Tempo steigerte. Immer schneller schlugen unsere Becken aneinander, dass es mir fast wehtat. Wie eine Schlagbohrmaschine ritt sich mich lustvoll und laut stöhnend, während ich mit meinen Händen ihre Brüste knetete.

Das Tempo wurde mir irgendwann zu heftig und wir wechselten in die Missy, wo ich es langsamer angehen ließ. Sie hechelte und drückte mich mit ihren Füßen an sich, stemmte bei jedem Stoß ihr Becken gegen mich.

Tief erleichtert kam ich schließlich und ließ mich glücklich neben sie auf die Seite fallen.

Wir plauderten noch ein wenig, bevor sie sich mit 1500 Baht in der Handtasche auf den Weg gemacht hat.

Ich trank noch ein Bier und schaute auf Agoda nach Hotels in Bangkok. Ich entschied mich diesmal für das Admiral Premier Inn, in der Soi 23. Es lag hinter der Soi Cowboy. Man musste ein wenig laufen, aber der Preis war wesentlich besser als im Phachara Suites. Die Zimmer waren im Admiral etwas abgerockter, aber für den Preis absolut vertretbar.

Zur Sicherheit checkte ich im Internet, ob das Hotel auch wirklich keine Joinerfee nahm, was ärgerlich gewesen wäre.

Es gibt einige Hotels, die keine Girls als Gäste reinlassen und wenn, dann nur gegen eine üppige Gebühr, die schnell 1000 oder 2000 Baht betragen kann. Es gibt inzwischen eine Menge Internetseiten, die über Hotels informieren, die keine Joinerfee nehmen und es werden regelmäßig mehr. Auf einer Suchmaschine werde ich über die Suchkombination Hotel + Thailand + Girlfriendly/Bargirlfriendly immer schnell fündig.

Bei der Recherche hat sich das Hotel als ok erwiesen und ich habe für meine letzten zwei Nächte gebucht.

11

Beim Frühstück ließ ich mir viel Zeit und genoss den herrlichen Blick auf den Fluss. In dem Hotel hatte ich mich äußerst wohl gefühlt und war sicher, hier noch einmal wieder her zu kommen.

Anschließend ließ ich mich von einem Tuk-Tuk zum Minibus bringen.

Aussicht im Good Times Resort

Die Fahrt nach Bangkok verlief entspannt. Der Fahrer war ok, die Klimaanlage funktionierte und der Wagen machte auch keine Zicken.

121

Am Victory Monument angekommen, fuhr ich mit dem BTS-Skytrain zur Station Asoke, von wo aus ich noch zehn Minuten zum Hotel gelaufen bin.

Für die meisten Leute hört Bangkok an der Soi Cowboy auf, was schade ist. Es gibt dahinter einige Cafés und Restaurants, die richtig gut sind. Im Bereich Soi Cowboy gibt es auf der Soi 23 einige Massageläden, die keine Wünsche offenlassen. Sobald man abbiegt, wechselt das Angebot allerdings, entsprechend dem Publikum. An einem Massageladen hängt ein großes Schild mit der Aufschrift »No Sex.« Nachtleben gibt es dort nicht, abgesehen von einem Club. Um etwas essen zu gehen oder ein Café zu trinken, ist es aber durchaus empfehlenswert.

Da es erst früher Nachmittag war, beschloss ich, noch auf Erkundungstour zu gehen. Ich setzte mich in den BTS und fuhr diesmal nicht Richtung Siam, sondern in die andere Richtung bis zur Station Samrong. Es gab für mich keinen bestimmten Grund dorthin zu fahren, es war eine spontane Entscheidung.

Ich habe es mir zur Angewohnheit gemacht, in Bangkok immer mal wieder in Ecken zu fahren, von denen ich überhaupt keine Ahnung hatte. Ich mag es, mich den Eindrücken hinzugeben und mich überraschen zu lassen. Ich erwarte dabei keine besonderen Sehenswürdigkeiten oder irgendwelche Highlights. Ich will das Bangkok sehen, so wie es ist, fern der Touristenmassen.

122

Ich ging zu Fuß zurück über den Fluss und bog rechts ab, da auf der Karte meines Handys dort ein Tempel zu sehen war. Der Weg führte über eine belebte Einkaufsstraße mit kleinen Läden, Tuk-Tuks, Garküchen und – was nicht fehlen durfte – Seven Eleven Läden.

Diese Läden gibt es überall im Land und stellen, rund um die Uhr, eine zuverlässige Konstante dar. Auf das vielfältige Angebot kann man sich genauso verlassen, wie die gut laufenden Klimaanlagen, die in der Tropenhitze eine angenehme Erfrischung bieten.

Samrong – Straße zum Tempel

Man kann in den Seven Eleven Läden sogar die Touristenpolizei rufen lassen, wenn man mal in Not ist. Es wird empfohlen, bei Problemen nicht zur örtlichen Polizei zu gehen, sondern möglichst zur Touristenpolizei.

Ich musste nicht weit laufen und es ging nach rechts zum Wat Dan Samrong. Der Tempel war nicht besonders groß, aber nett anzusehen. Ich sah mich noch etwas um und machte mich dann wieder auf den Weg zurück.

Wat Dan Samrong

Mein nächstes Ziel war das Imperial World Samrong, das ich aus dem BTS sehen konnte. Die Mall war von beeindruckender Größe, überhaupt sind die Malls in Thailand immer ziemlich groß. Touristen waren nicht zu sehen; vereinzelt lief mir ein Expat über den Weg, aber das war es auch schon. Die Mall war nicht anders als die meisten, mit den üblichen Läden, die den allgemeinen Bedarf abdecken. Etage für Etage bin ich abgelaufen, genoss die angenehme Kühle und stellte fest, dass ich von den Leuten hier stärker wahrgenommen wurde als in der Siam-Gegend.

In der obersten Etage gab es dann einige kleine Läden von Privatleuten, die sehr interessant waren. Bei einem CD-Händler bin ich hängen geblieben und war begeistert. Er hatte zwar keine große Auswahl, dafür versteckten sich dort einige Perlen thailändischer Popmusik, die es in den gängigen CD-Läden nicht mehr gab.

Nachdem ich zwei CDs gekauft hatte, trank ich einen Kaffee und betrachtete die Menschen. Als eine Gruppe junger Frauen an mir vorbeiging, musste ich an Ao denken und fragte mich, was sie wohl machte. War sie zu Hause in Roi Et oder war sie in Bangkok und arbeitete wieder in einer Go Go-Bar?

Ratlos kam ich zu dem Schluss, besser nicht darüber nachzudenken und fuhr zum Hotel zurück.

Meine erste Anlaufstelle am Abend war das Old German Beerhouse in der Soi 11.

Ich bestellte ein Thaicurry, was ich dort am liebsten aß. Es gab auch eine große Auswahl an traditionellen deutschen Gerichten, die sehr gut waren; ich mochte das Thaicurry aber am liebsten. Während ich das Essen verputzte und dabei frisch gezapftes Bier trank, sah ich auf einen der großen Monitore ein Fußballspiel. Ich fühlte mich wohl in dem Laden. Die Einrichtung war modern, sauber und das Personal freundlich. Es gab das Beerhouse ein weiteres Mal in der Soi 13, mit der gleichen Aufmachung.

Nach dem Essen spazierte ich auf der Sukhumvit Road runter bis zur Soi 4, wo ich abbog zum Nana Plaza. Ohne groß darüber nachzudenken, ging ich hinein und lief die Flure entlang. Als ich an der Bar vorbeikam, wo ich Ao kennenlernte, blinzelte ich hinein, konnte aber nichts erkennen. Der Vorhang war nur einen winzig kleinen Spalt offen, der kaum einen Blick zuließ.

Nach einer weiteren Runde stand ich wieder davor und ging kurz entschlossen hinein. Ich setzte mich an denselben Platz, wie beim letzten Mal und bestellte ein Bier. Die Mamasan erkannte mich wieder und grüßte freundlich. Ich sah mich um und dann traf es mich wie ein Schlag in die Fresse. Ao saß neben einem Kerl, lachend, amüsierend, die Hand auf seinem Oberschenkel. Sie unterhielten sich angeregt, dann Küsschen hier, Küsschen da und ich hätte kotzen können. Die Schlampe war nicht in Roi Et und hatte in dem Laden auch nicht aufgehört. Sie hat sonst was gemacht und mich kackfrech angelogen.

Ein Girl wollte sich zu mir setzen, ich habe sie weggeschickt, ohne sie zu beachten.

Ich beobachtete wie Ao den Kerl ansah, und es traf mich tief. Ich fühlte mich in dem Moment so elend und hatte keine Ahnung warum. Sie war nicht meine Freundin oder Partnerin. Sie war nicht einmal eine Affäre. Es war nur eine Geschäftsbeziehung für eine bestimmte Zeit, mehr nicht. Ich versuchte rational zu denken und mich zu beruhigen, aber das fiel mir verdammt schwer, ich war zu geschockt.

Nun legte sie ihre Arme um seinen Hals und küsste ihn, rieb dabei mit ihrer Hand zwischen seinen Beinen rum. Ich sah woanders hin, aber immer wieder ging mein Blick zu ihr.

Dann sah sie herüber und erkannte mich sofort. Sie zuckte kurz, schaute mich irritiert an. Gerechnet hatte sie offenbar nicht mit mir.

Sie bekam ein Zeichen, dass sie mit Tanzen dran war, stellte sich auf die Bühne und fing an, sich lethargisch zu bewegen. Hin und wieder lächelte sie zu dem Typen, mich hat sie dagegen kein einziges Mal mehr angesehen. Sie hat mich komplett ignoriert, als wäre ich ein Fremder.

Ich bezahlte das Bier und ging hinaus. Ziellos lief ich durch die Gegend und versuchte, den Scherbenhaufen im mir zusammen zu fegen.

So rational wie möglich versuchte ich, mir die Situation und mein Gefühlschaos, selbst zu erklären. Sie war ein Go Go-Girl, ich ein Customer. Sie war mit mir zusammen, weil es Geld gab, dafür hatte ich ein Girlfriend an meiner Seite – auf Zeit. Unsere Wege trennten sich, als ich weiterfuhr. Für mich war noch ein paar Tage Urlaub angesagt und dann die Heimreise, wo ein gut bezahlter Job auf mich warten würde. Auf Ao wartete gar nichts außer die Alternativlosigkeit der Go Go-Bar. Ich kam zu dem Schluss, dass es unfair wäre, ihr Vorwürfe zu machen, und beruhigte mich allmählich.

127

Nun stellte sich die Frage, wie ich den Herzschmerz am besten loswerden konnte, genau in diesem Moment kam ich an der Soi 7/1 vorbei.

Ich ging ins Wood, das als Blowjob-Bar bekannt war. Zielstrebig trat ich hinein und wurde sehr freundlich von der Mamasan empfangen. Sie fragte, ob ich schon einmal da war, worauf ich ehrlich verneinte. Sie erklärte mir kurz den Ablauf und die Kosten – 1000 Baht – und ließ dann die Girls antreten.

Ich entschied mich für eine unscheinbare aber niedliche Maus, die aussah wie eine Studentin. Mit ihrer dicken Brille sah sie aus wie ein Nerd. In Kombination mit dem superkurzen karierten Rock und der weißen Bluse, hat mich das ziemlich angemacht. Es lief schnell und unkompliziert. Ich folgte ihr über einen Flur in einen Raum, der nicht viel größer war als eine Massagekabine. In dem Raum war ein Waschbecken und eine Art Fernsehsessel. Ich zog mich aus, sie wusch mich am Waschbecken und bat mich anschließend zu dem Sessel. Als ich saß, machte sie die Lehne etwas nach hinten, damit ich es bequemer hatte. Dann nahm sie ein dickes Kissen und legte es vor mich auf den Boden, worauf sie sich schließlich kniete.

Die Maus nahm meinen Schwanz direkt und ohne Umwege in den Mund. Ich merkte sofort, dass hier außerordentliche Fähigkeiten am Werk waren, innerhalb von Sekunden stand das Ding wie eine Eins. Sie verpasste mir so einen variantenreichen Blowjob, wie ich es noch nie erlebt hatte. Tief nahm sie ihn in den

Mund, drehte dabei ihren Kopf und presste ihre Lippen zeitweise zusammen. Sie hörte zwischendurch auf, leckte mit ihrer Zunge über meine Eichel und meine Eier, um ihn schließlich wieder tief in den Mund zu nehmen.

Darauf bedacht, dass ich nicht zu früh komme, unterbrach sie das Ganze immer wieder für einige Augenblicke und spielte mit ihrer Zunge, nur um mich dann wieder dichter ans Ziel zu bringen. Das Spiel wiederholte sie einige Male, bis ich schließlich tiefererleichtert in ihren Mund spritzte.

Wir unterhielten uns noch eine ganze Weile, wobei sie einige persönliche Dinge fragte, wie bei einem ersten Kennenlernen. Sie hatte eine unglaublich sympathische Ausstrahlung und war irgendwie mein Typ. Wenn sie nicht in so einer Bar gearbeitet hätte, wäre sie was für mich gewesen. Aber diese Bar würde mir zu viel Kopfkino bereiten, wenn ich sie küssen würde.

Glücklich verließ ich den Laden, nicht ohne der Maus ein ordentliches Trinkgeld dazulassen.

Auf der Sukhumvit Road setzte ich mich dann ins Margarita Storm und trank ein paar Bier im Außenbereich, während ich das Treiben auf der Straße beobachtete.

Natürlich ging mir Ao nicht aus dem Kopf. Die ganze Zeit liefen die Bilder vor mir ab, ohne dass ich was dagegen tun konnte, keine Chance mich abzulenken. Ich musste mir eingestehen, dass ich sie schon sehr gerne hatte.

Ich gönnte mir für den Abend das Selbstmitleid und trank, bis der Schwindel des Suffs eingesetzt hat, der mich bis ins Bett begleitet hat.

Meine letzten Gedanken waren, dass ich Ao auf jeden Fall vergessen und nie wiedersehen wollte. Diese ganze Situation war zu heikel und ich zu unvernünftig.

Dann schlief ich ein.

Sukhumvit Road

12

An diesem Morgen nahm ich die Metro an der Asoke-Station und fuhr nach Hua Lamphong in China Town. Bei der Metro läuft es genauso wie beim BTS-Skytrain. Man wählt am Automaten die Station, wirft Kleingeld rein und bekommt das Ticket. Blöderweise funktioniert die Rabbit Card nur im BTS, aber zum Glück war es leer am Ticketautomaten, daher ging es schnell.

Von der Station Hua Lamphong ging ich zum Bahnhof, um einen Blick reinzuwerfen. Draußen wurde ich von Schleppern angesprochen, die mich zu Reisebüros führen wollten. Ich sagte den »Kletten«, dass ich mich nur umsehen wollte und ging hinein. Innen sah ich den Ticketschalter, wo man die Tickets günstiger bekommt, als in einem der Reisebüros. Ich sah mich ein wenig um und überlegte, ob ich nicht einmal mit dem Zug verreisen sollte. Dann verließ ich den Bahnhof und ging zu meinem eigentlichen Ziel, einen Tempel ganz in der Nähe.

Der Wat Traimit ist der bekannteste Tempel in der Gegend um China Town. In diesem Tempel war ein großer goldener Buddha, eigentlich nichts Ungewöhnliches, allerdings war dieser Buddha tatsächlich zu einem hohen Anteil aus Gold. Ich fragte mich, ob nicht mal jemand auf die Idee kam, den zu klauen, aber fünfeinhalb Tonnen lassen sich auch nicht mal eben in die Tasche stecken.

Über eine Treppe ging ich hinauf, machte von oben ein paar Fotos, aber die Skyline war nicht besonders spektakulär. Der Buddha dagegen hatte mich schon beeindruckt. Hier waren einige Touristen, die sich mit den Gläubigen vermischten, die dort beteten. Ich ging zu einem Mönch und holte mir mein nächstes Bändchen an meinem Handgelenk, dann bekam ich noch etwas geweihtes Wasser in einem Fläschchen mit.

Wat Traimit

Frisch gesegnet habe ich mich in das dichte Treiben von China Town gestürzt, wo ich mich auch gleich verlaufen habe. Ohne zu wissen, wo ich genau war, ging ich durch die schmalen Gänge. Dicht gedrängt schoben sich die Menschen voran, ohne Eile oder zu drängeln. Immer wieder kam ein Moped, dass sich geschickt durch die Menschen hindurch manövrierte. Der eine oder andere Snackverkäufer hielt mit seinem Handwagen mitten auf dem Weg, wo ohnehin schon zu wenig Platz war.

China Town

Die Thailänder sind mit diesen Situationen so unglaublich gelassen umgegangen, wie es bei uns unvorstellbar gewesen wäre.

Als ich aus China Town raus war, ging ich weiter planlos durch die Gegend. Als ich mir bewusst wurde, dass ich keine Ahnung hatte, wo ich war, schaute ich auf dem Handy nach. Mein Weg führte mich Richtung Sathan Taksin, was mir ganz gelegen kam. Da gab es die neue Iconsiam Mall, die auf der anderen Seite des Flusses war. Um diese Mall gab es einen ziemlichen Hype, daher wollte ich mir selbst ein Bild machen.

Ich ging zum Pier, wo ich bereits war, als ich die Flussfahrt zum Königspalast gemacht hatte. Diesmal ging ich auch noch an den Tickethäuschen von den blauen Booten vorbei, bis ans Ende und wartete dort auf den kostenlosen Boots-Shuttle. Der ließ nicht lange auf sich warten und nach wenigen Minuten betrat ich die Mall.

Im vorderen Bereich waren Läden mit Marken, die ich mir nicht leisten konnte, im hinteren Bereich, waren die Läden für die Mehrheit der Leute.

Es war alles ganz nett gemacht, hat mich aber auch nicht wirklich umgehauen. Ich fragte mich, ob Bangkok diese Mall wirklich gebraucht hat. Es war, als würde man einen Baum in einen dicht bewachsenen Wald pflanzen.

Was mir allerdings sehr gut gefallen hat, waren die Terrassen, von denen ich einen tollen Ausblick über den Fluss hatte.

Ausblick von der Iconsiam Mall

Bevor ich zurück zum Hotel gefahren bin, habe ich Wat Yannawa noch einen Besuch abgestattet, was nur ein paar Meter von der BTS-Station entfernt war. Da hat jemand die kreative Idee gehabt, einen Tempel in der Form einer Dschunke bauen zu lassen.

Dort gab es eine Art Museum, wo man Souvenirs kaufen konnte. Allerdings wurde ich das Gefühl nicht los, dass es vordergründig ums Monetäre ging, da wurde fast alles zum Kauf angeboten. Ich machte mir keine weiteren Gedanken darüber und fuhr zurück zum Hotel.

Wat Yannawa

Zum Essen ging ich diesmal ins Baan Khanitha, ein thailändisches Restaurant der gehobeneren Klasse, nicht weit vom Hotel entfernt auf der Soi 23. Es war mein letzter Abend und ich wollte mir noch einmal was Feines gönnen. Ich bestellte erst einmal ein Glas Wein und sah auf mein Handy. Da war eine Nachricht auf Line, die ich zu diesem Zeitpunkt nicht erwartet hatte, und ließ mich schlucken.

Ao hatte mir geschrieben. Sie wollte wissen, warum ich ihr nicht gesagt hatte, dass ich nach Bangkok zurückkam.

Ich erwiderte, dass ich mit ihr nicht gerechnet hätte, da sie sagte nach Hause gehen zu wollen.

Daraufhin fragte sie, was ich dann in der Go Go-Bar wollte, wenn ich nicht mit ihr gerechnet habe.

136

Schachmatt!

Ich hätte es besser wissen müssen, diese Taktikspielchen gehen nie gut.

Ich machte der Scheinheiligkeit ein Ende und schrieb, dass ich sie sehen wollte, worauf sie antwortete, dass sie arbeiten müsse.

Ich bat sie in das Restaurant zu kommen, ich würde ihr die fällige Barfine geben.

Sicher war ich nicht, dass es funktionierte, aber ich hatte Glück. Es hat sich ausgezahlt, dass ich mich mit der Mamasan angefreundet hatte, die Ao ziehen ließ. 20 Minuten später kam sie mit dem Motorbike-Taxi angedüst.

Als sie mich sah, hatte sie sofort ein Strahlen im Gesicht und kam direkt auf mich zu gelaufen. Diese ungestüme und natürliche Art war genau das, was ich vermisst hatte.

Sie trug eine Jeans, in der sie wieder eine megaheiße Figur hatte, Sneakers und ... einen Pullover. Ich konnte nur staunen, wie man in Thailand einen Pulli tragen kann.

Ich bat sie, mir ein gutes thailändisches Gericht zu empfehlen, und ließ sie auch für mich mitbestellen. Die Stimmung war nicht ganz so locker, wie ich es mir gewünscht hatte, ein wenig Befangenheit lag zwischen uns. Ich beschloss keine Fragen zu stellen, die sie in irgendeiner Weise kompromittieren könnten und erzählte ein bisschen von Kanchanaburi und Ayutthaya.

Nach dem Essen fragte ich sie, ob wir nicht noch einmal auf eine Skybar wollen. Beim letzten Mal war es ein schönes Erlebnis, das ich gerne wiederholen wollte. Sie schlug die Octave-Skybar auf dem Marriot Hotel an der Sukhumvit Road vor.

Als wir im Taxi saßen, schwiegen wir. Sie hielt meine Hand und sah verträumt aus dem Fenster. Ich fragte sie, ob es ihr gut ginge, worauf sie mich lächelnd ansah und sich bedankte, dass wir uns sehen konnten.

Auf der Skybar hatten wir Glück, einen Tisch zu bekommen, reserviert hatten wir diesmal nicht. Wir saßen nebeneinander und blickten auf die Skyline, die auch von dieser Bar ziemlich beeindruckend war. Wir stießen mit dem Rotwein an, von dem ich eine Flasche bestellt hatte.

Die Stimmung lockerte auf und sie schmiegte sich an mich, gestand mir dann, dass sie mich vermisste und jeden Tag an mich gedacht hatte.

Sie beschrieb mir, wie sie unsere erste Begegnung wahrgenommen hatte. Als ich durch die Flure im Nana Plaza ging, bin ich ihr gleich aufgefallen. Ich gefiel ihr vom ersten Augenblick an und sie beobachtete genau, wo ich hinging. Sie wollte mich haben und als ich an ihr vorbeikam, beschloss sie mich einzufangen. Sie tat es und ich erinnerte mich schmunzelnd, wie resolut diese kleine Lady das tat.

Ich wurde gefunden.

Sie zeigte mir Bilder von ihrem Zuhause und von ihrer Familie. Dann eröffnete sie mir, dass sie gerne mit mir zu sich nach Hause fahren würde, um mich ihrer Familie vorzustellen.

Ich sagte, dass ich mich freuen würde, sie nach Roi Et zu begleiten. Sicher war ich mir mit dieser Aussage allerdings nicht. Ich war mir natürlich klar, dass das Ganze auf Sponsoring hinauslaufen könnte.

Octave-Skybar

Viele Mädels in Thailand lassen sich von ihren Freunden aus dem Ausland sponsern. Das heißt, sie lassen sich von ihrem Liebsten jeden Monat ein paar Hundert Euro schicken, damit sie Geld für ihre Familie haben und nicht in einer Bar arbeiten müssen. Nun gibt es zwei Dinge, die passieren können. Das Mädel fährt tatsächlich nach Hause und lebt glücklich und zufrieden von der Unterstützung … oder sie gibt vor nach Hause zu fahren, arbeitet weiter in der Bar und lässt sich trotzdem Geld schicken. Manche Girls haben sogar mehrere Sponsoren und verdienen richtig viel Geld damit.

Das Problem für den Liebeskasper: Man kann es kaum einschätzen, womit man es zu tun hat. Meiner Erfahrung nach, hat man die besten Chancen bei Girls, die ganz neu im Geschäft sind und da so schnell wie möglich wieder wegwollen oder bei Älteren, die einfach müde sind und jemanden suchen, mit dem sie sich zur Ruhe setzen können.

Den Wein tranken wir nicht aus und sind direkt mit dem Taxi zurück ins Hotel gefahren. Während der Fahrt streichelte sie mir den Oberschenkel, was mich gewaltig in Stimmung brachte. Ich konnte es kaum erwarten, mit ihr im Bett zu liegen.

Als wir in das Zimmer kamen, zogen wir uns aus und gingen gemeinsam unter die Dusche. Als wir uns einseiften, war es wie eine Erlösung endlich wieder ihren Körper zu berühren. Wir ließen uns Zeit und streichelten uns mehr, als dass wir uns wuschen. Ich tastete über ihre Brüste, spürte ihre harten Nippel unter meinen Fingerspitzen und küsste sie. Gierig schoben wir uns gegenseitig die Zungen in uns hinein, während unserer Hände zeitgleich zwischen den Beinen landeten. Sie ging auf die Knie und nahm ohne Umschweife meinen Schwanz in den Mund. Ich genoss ihre Lippen und sah zu, wie sie sich an mir zu

140

schaffen machte. Dann musste ich das aber stoppen, um nicht zu früh fertig zu werden.

Wir gingen rüber ins Bett und ich küsste ihren ganzen Körper gierig ab. Ich schob mich runter und leckte sie, dabei hielt ich ihre Beine weit auseinander. Wie beim letzten Mal drückte sie sich gegen mich. Als ich merkte, dass sie kam, hielt ich diesmal dagegen, stimulierte sie zusätzlich mit dem Finger, den ich zärtlich in ihr bewegte. Sie stöhnte noch lauter als beim letzten Mal und zuckte heftig um sich anschließend mit einem tiefen Seufzer zu entspannen. Ich schob mich hoch, hielt sie fest im Arm und wir küssten uns lange.

Ich nahm ein Gummi, dann drehte ich sie flach auf den Bauch und drang von hinten in ihre Muschi ein. Sie stöhnte wieder auf, hechelte und hielt wieder angenehm dagegen. Ich küsste ihren Nacken, während ich sie mit sanften Bewegungen stieß.

Wir wechselten in die Missy, in der ich schneller wurde. In dem Moment konnte ich mich nicht mehr zurückhalten und kam heftig in ihr, während wir uns gierig und nass, die Zungen in den Mund schoben.

Eine Weile lagen wir zusammen, dann sah ich sie an und erkannte Tränen in ihren Augen. Ich legte mich dicht neben sie, nahm sie in den Arm und fragte, ob alles ok sei. Nach einem Moment des Schweigens, sagte sie, dass alles ok sei und dass sie nur glücklich wäre.

So lagen wir noch eine Zeit lang da, dann fragte sie, wann ich nach Thailand zurückkomme würde. Wie beim letzten Mal, sagte ich ihr, dass ich sobald wie möglich wieder nach Thailand wollte.

Sie versuchte mir zu erklären, warum sie geweint hat. Leicht stotternd meinte sie, dass sie Angst hatte mich nie wiederzusehen. Ich sei ein guter Kerl und Typen wie mich, gibt es nicht viele.

Ich versprach ihr, dass wir uns wiedersehen würden, dann schliefen wir Arm in Arm ein.

13

Als wir am Morgen aufwachten, vielen wir wieder übereinander her, in der Gewissheit, dass es das letzte Mal war in unserer gemeinsamen Zeit.

Dann musste sie nach Hause, bestand aber darauf, mich später zum Flughafen zu bringen. Also verabredeten wir uns für den Abend, wo wir noch einmal zusammen Essen wollten. Ich ließ einen großzügigen Geldbetrag in ihrer Handtasche und auch diesmal sah sie nicht nach.

Nachdem ich geduscht hatte, war es fast Mittag. Ich checkte aus, hinterließ meinen Koffer im Hotel und fuhr zur Station Siam, um mir die Zeit in den Malls zu vertreiben.

Das war für mich inzwischen ein Ritual am letzten Tag. Da ich keine Möglichkeit mehr zum Duschen hatte, konnte ich in den Malls unnötiges Schwitzen vermeiden.

Ich schlenderte von der Siam Discovery Mall in den MBK-Center. Hier vertrieb ich mir die Zeit, bummelte durch die Gegend, trank einen Kaffee, ließ eine Maniküre machen, um dann wieder einen Kaffee zu trinken.

Wie immer am letzten Tag überkam mich diese Melancholie, die einsetzt, wenn ein Urlaub zu Ende geht. Ich dachte über die Erlebnisse nach, die ich in der kurzen Zeit hatte. Ich dachte an Phan aus dem Thermae, die in ihrem weißen Kleid so unglaublich sexy war, aber auch an Chan aus dem Biergarten, mit der ich einen tollen Abend hatte.

Doch sobald meine Gedanken zu Ao gingen, klopfte mein Herz, ohne dass ich was dagegen tun konnte – oder wollte. Ich überlegte, ob es jetzt um mich geschehen war oder ob ich sie in kurzer Zeit vergessen würde. Es war unmöglich für mich das einzuschätzen, alles war möglich.

Als es langsam dunkel wurde, ging ich zurück zu den Siam-Malls, bin dort rumgeschlendert und habe mich ein wenig draußen bei dem Springbrunnen aufgehalten. Die BTS-Skytrains fuhren über mir vorbei, Touristen schossen Fotos und ein paar Jugendliche chillten.

Mir fiel es schwer, mich von diesem Ort zu lösen. Am letzten Tag fühle ich mich oft wie ein kleines Kind, das an jeden Ort festhalten will, als würde es ihn nie wiedersehen.

Ich fuhr mit dem BTS zur Nana-Station und ging in die Soi 8 ins Restaurant Via Vai, wo ich bereits am ersten Abend gegessen hatte. Ich bestellt ein Glas Wein und wartete auf Ao, die leicht verspätet eintraf.

Platz bei den Siam Malls

Diesmal trug sie ein enges Stoffkleid, das bis über ihre Knie reichte. Vor der Kälte – ca. 30 °C – hatte sie sich mit einem Tuch geschützt, dass sie über ihre Schultern gelegt hat. Sie schaute traurig, war aber bemüht, gut gelaunt zu wirken. Wir bestellten uns was zu essen und unterhielten uns so vertraut, wie ich es mir gewünscht hatte. Ich war dankbar, dass sie es mir leicht gemacht hat. So ein Abschiedsabend kann auch schon mal ziemlich theatralisch ablaufen, was die Sache nicht einfacher machen würde.

Ich sah sie an, beobachtete ihre lebendigen Augen, während sie mir von ihren Träumen erzählte. Sie vermisste den Isaan, wollte so schnell wie möglich zurück und einen kleinen Shop aufmachen, sobald etwas Geld zusammengespart war. Ihr größter Wunsch war, mich bei sich zu Hause im Isaan wiederzusehen. Ich könnte bei ihr im Haus wohnen, wo sie alleine mit ihren beiden Kindern lebte. In der Zeit, wo sie in Bangkok war, waren die Kinder bei ihrer Schwester, die selber auch eine Tochter hatte. Auf ihrem Handy zeigte sie mir Bilder von ihrem Haus, den Garten und auch von ihrer Familie, den Eltern, den Kids, ihrer Schwester und einigen weiteren Verwandten.

Es wurde Zeit aufzubrechen. Ich sah mich um, Tuk-Tuks fuhren vorbei, schräg gegenüber saßen die Ladys vor dem Massageshop und tippten gelangweilt auf ihren Handys. Einige Touristen schienen gerade angekommen zu sein, rollten ihre Koffer hinter sich her und sahen sich begeistert um. Ich beneidete sie, hatten sie doch noch einen ganzen Urlaub vor sich … und für mich war es Zeit zu gehen.

Ich bezahlte die Rechnung, blickte Ao in die Augen, die mich traurig ansahen, dann standen wir auf.

Ich wollte zur BTS-Station, aber Ao überredete mich, mit dem Taxi zu fahren. Ich willigte ein, mir war es egal, wie ich nun zum Flughafen kommen würde.

Sie hielt ein Taxi an, sprach mit dem Fahrer und knallte daraufhin die Tür zu. Das nächste Taxi kam und es lief das Gleiche ab. Beim dritten Taxi war sie schließlich erfolgreich und wir stiegen ein.

Im Taxi erklärte sie mir, dass die anderen Taxifahrer nicht mit Taxameter fahren wollten, was teuer geworden wäre. Offensichtlich sahen sie mich mit dem

Koffer und dachte, dass ich auf jeden Fall ein Taxi nehmen würde. Allerdings hatten sie nicht mit der Durchsetzungsstärke der kleinen Ao gerechnet.

Wie wir so im Taxi saßen und die Lichter der Nacht an uns vorbeirauschten, wurde die Stimmung dann doch ziemlich trübsinnig. Wir redeten nicht viel, hielten uns an den Händen und nahmen es hin.

Im Flughafen ging es dann schnell. Beim Check Inn war keine große Schlange, da ich recht früh dran war. Ao brachte mich noch zur Rolltreppe, die mich zum Departure Bereich bringen sollte. Diese Rolltreppe ist bei Singletouristen gefürchtet, weil sie den schlimmsten Moment in einem Urlaub darstellt. Es ist das unwiederbringliche Ende einer Zeit im Paradies, die abrupt und unweigerlich vorbei ist, sobald man diese Rolltreppe verlässt.

Als wir dort ankamen, nahmen wir uns noch ein letztes Mal in den Arm. Ao sagte, dass sie mich vermissen und auf mich warten würde. Tränen schossen ihr ins Gesicht, sie konnte es nicht mehr halten. Ich musste mich beherrschen, dass ich nicht auch gleich heulen würde. Ich nahm sie noch einmal in den Arm, gab ihr einen Kuss auf die Wange und dann lösten wir uns. Ich stand auf der Rolltreppe und fuhr nach oben, beobachtete, wie sie sich Stück für Stück entfernte und realisierte nun, dass die Reise vorbei war ... und wenn mich auf der Rolltreppe nicht so eine blöde Kuh so dämlich angeglotzt hätte, wäre womöglich auch bei mir noch ein Tränchen gekullert.

Dann war ich zurück im Grau.

Flughafen